MANTÉN
VIVO
TU
SUEÑO

Otros libros de Erwin W. Lutzer:

Cuando le han ofendido
De pastor a pastor
Decepción de Da Vinci
Doctrinas que dividen
¿Quién eres tú para juzgar?
¡El Rey ya viene!
Siete trampas del enemigo
Tu primer minuto después de morir
¡Vence el temor al fracaso!
Versículos que cambian vidas
Y la muerte perdió su poder

MANTÉN VIVO tu SUEÑO

Lecciones de la vida de José

ERWIN W. LUTZER

Editorial
PORTAVOZ

La misión de *Editorial Portavoz* consiste en proporcionar productos de calidad —con integridad y excelencia—, desde una perspectiva bíblica y confiable, que animen a las personas a conocer y servir a Jesucristo.

Título del original: *Keep Your Dream Alive* © 2003, 2012 por Erwin Lutzer y publicado por Kregel Publications, una división de Kregel, Inc., 2450 Oak Industrial Dr. NE, Grand Rapids, MI 49505. Traducido con permiso

Edición en castellano: *Mantén vivo tu sueño* © 2014 por Editorial Portavoz, filial de Kregel Publications, Grand Rapids, Michigan 49505. Todos los derechos reservados.

Traducción: Belmonte Traductores, www.belmontetraductores.com

EDITORIAL PORTAVOZ
2450 Oak Industrial Dr. NE
Grand Rapids, Michigan 49505 USA
Visítenos en: www.portavoz.com

ISBN 978-0-8254-1942-3 (rústica)
ISBN 978-0-8254-0595-2 (Kindle)
ISBN 978-0-8254-8531-2 (epub)

1 2 3 4 5 / 18 17 16 15 14

Impreso en los Estados Unidos de América
Printed in the United States of America

Para Lynn,
nuestro segundo regalo de Dios:
que ama a su familia, a sus amigos,
pero, sobre todo, que ama a su Dios.

Contenido

Capítulo 1

Tú y tu sueño

"¡Tengo un sueño!" —dijo Martin Luther King—, y se hizo famoso por su capacidad para inspirar a sus seguidores, transmitiéndoles su sueño de igualdad racial en los Estados Unidos. Mucho después de su muerte, su sueño aún sigue vivo, ya que los sueños dados por Dios no mueren fácilmente.

Cada uno de nosotros tiene su propio sueño: el deseo de cumplir algún propósito especial en la vida. Algunos de nuestros sueños se cumplen y otros se ven arruinados por nuestras propias decisiones insensatas o los fallos de los demás. Todos nosotros vivimos con sueños cumplidos y sueños incumplidos.

Este es un libro sobre los sueños: concretamente acerca de *tu* sueño. Ya se haya cumplido el mismo o hecho añicos; sea grande o pequeño; pasado o presente. Ya que nada ocurre a menos que soñemos, este es un libro que nos invita a todos a mantener vivos nuestros sueños.

En estas páginas aprenderemos acerca de los sueños de un joven que fue rechazado por su familia, traicionado por sus hermanos y enviado a la cárcel bajo la acusación falsa de intento de violación; y que, sin embargo, veinte años después que empezara lo que para él fue una montaña rusa de emociones, vio cumplido el sueño que había tenido siendo adolescente.

Como vamos a ver, Dios no solo da los sueños sino que también los cumple. Incluso nuestros sueños más frustrados no se hallan fuera del alcance de su soberana providencia. El hecho de que estemos vivos significa que hay al menos un último sueño para nosotros, y puede que muchos más.

La palabra *sueño* tiene dos significados diferentes en nuestra cultura. El primero hace referencia a esas poderosas imágenes que vemos cuando dormimos: esos vívidos fogonazos nocturnos que podemos recordar o no por la mañana. Mis sueños son presentaciones a todo color, a menudo con grandes espacios sin lógica alguna o con una asociación de ideas desarticulada, y en otras ocasiones tan gráficas y racionales que más tarde las confundo con la realidad.

Hoy día se dan seminarios para ayudarnos a interpretar esos sueños. Los gurús nos dicen que los mismos nos proporcionan pistas acerca de quiénes somos y lo que nos depara el futuro. Pero descubrir el origen de tales sueños no es cosa fácil: normalmente estos no poseen ningún significado especial, sino que son solo expresiones de las pequeñas experiencias que hemos tenido estando despiertos.

Dios no suele comunicarse con nosotros mediante esa clase de sueños en estos tiempos; principalmente porque ya tenemos toda la información que necesitamos en su Palabra. El autor del libro de Hebreos hace una distinción entre los medios empleados por Dios en el Antiguo Testamento y en la actualidad: "Dios, habiendo hablado muchas veces y de muchas maneras en otro tiempo a los padres por los profetas, en estos postreros días nos ha hablado por el Hijo, a quien constituyó heredero de todo, y por quien asimismo hizo el universo" (He. 1:1-2).

El Señor empleó muchos métodos en el Antiguo Testamento para comunicarse con su pueblo —visiones, intuiciones, sueños y bastantes más—, pero hoy día nos habla por medio de Cristo y de la revelación que Él trajo consigo. Por supuesto que, en ocasiones, puede decirnos algo mediante un sueño; pero debemos ser muy cautelosos y no pensar que todos los sueños han de tener una interpretación o que una persona no creyente posee la capacidad de analizar un sueño o entender su significado.

Este libro trata de otro tipo de sueños, tales como las aspiraciones, las metas y las visiones de futuro que abrigamos para nosotros mismos. No hemos de pensar que los sueños de esa clase sean de menor importancia. Edgar Allan Poe tenía bastante razón cuando escribió: "Quienes sueñan de día son conscientes de muchas cosas que se les escapan a los que sueñan por la noche". Puede que tu sueño consista en tener una profesión específica (mi esposa siempre ha soñado con ser enfermera y, ahora, su sueño se está haciendo realidad); otros sueñan con una relación romántica, o con vivir en un determinado país o ejercer una influencia especial en las artes, el gobierno o cualquiera otra área de importancia. Algunas personas que han sufrido maltratos o están atravesando un doloroso proceso de divorcio simplemente sueñan con el día en que serán sanadas emocionalmente.

He aquí varias observaciones sobre este tipo de sueños.

En primer lugar, *podemos tener muchos sueños para nosotros mismos*. Cuando era adolescente, mis sueños cambiaron más de una vez: de hacerme policía a ser piloto de aviación y, luego, político; algunas veces abrigaba los tres simultáneamente. A medida que vamos creciendo, nuestros sueños comienzan a tomar forma y la mayoría de ellos quedan descartados, al ir encajando nuestras habilidades con las oportunidades que se nos presentan. Aun así, todo el mundo tiene ilusiones: la mayoría de las personas sufren, no por albergar demasiados sueños, sino por una escasez de ellos.

En segundo lugar, *hay grandes sueños y pequeños sueños*. Si nuestros sueños más pequeños no se cumplen, eso no perturba el cuadro general de nuestra vida. Un viaje puede cancelarse por falta de fondos o un romance hacerse amargo. Nos es posible sobrellevar estas y otras muchas desilusiones sin cejar en nuestro empeño por cumplir nuestra visión más importante. Las pequeñas desilusiones pueden acabar siendo poco más que unos puntitos dentro del cuadro que estamos pintando en el lienzo de nuestra vida.

Pero cuando un gran sueño se hace añicos, nuestra imagen de quiénes somos y de lo que podemos llevar a cabo sufre terriblemente; a veces, más de lo que nos cabe imaginar. El fracaso en el matrimonio, una enfermedad terminal que da al traste con nuestro futuro, la creencia —generalmente falsa— de que no podremos recuperarnos tras haber experimentado cierto rechazo y abuso… esas grandes desilusiones llevan nuestros sueños a un final desastroso. El futuro se convierte, entonces, en algo temido en vez de anhelado.

En tercer lugar, *nuestros propios pecados, o los fallos de los demás, pueden hacer añicos nuestros sueños.* Millones de personas han visto sus ilusiones frustradas por otras personas o por la cruda realidad de las circunstancias. Si tú o yo hubiéramos nacido en un país subdesarrollado, nuestros sueños afrontarían serios obstáculos tales como la triste realidad del hambre, el desempleo y la falta de educación. Quizá nuestra única ilusión sería entonces sobrevivir un día más.

No hace falta decir que tenemos que revisar nuestros propios sueños de vez en cuando. Las tragedias inesperadas, la mala salud y una decena de desilusiones más están listas para frustrar nuestras más queridas ilusiones. Rosalynn Carter —la esposa de Jimmy Carter, antiguo presidente de los Estados Unidos— escribió acerca de la muerte de algunos de sus parientes y del fracaso de su marido en las elecciones de 1980: "Si no hemos logrado nuestros primeros sueños, debemos buscar otros nuevos, o ver lo que podemos salvar de los antiguos… Está claro que queda mucho por hacer, y cualquier otra tarea que vayamos a acometer deberíamos iniciarla cuanto antes" (*Time,* 20 de septiembre de 1989).

Existe el mismo número de sueños frustrados que personas hay en el mundo. Habla con tu vecino, invita a un amigo a almorzar, o escucha las peticiones de oración en tu iglesia local, y oirás toda una letanía de desilusiones. Por lo general, nuestras expectativas son más altas de lo que la realidad permite. Ahora mismo, en algún lugar cerca de ti, el sueño de alguien está explotando como una pompa de jabón, sin dejar ninguna pista en cuanto a cómo podría restaurarse.

Pero si ya no sueñas, has perdido tu propósito en la vida. Los sueños son la zanahoria en el palo que nos da una razón para vivir hasta mañana. Un sueño hace que miremos más allá del presente y creamos que Dios no ha terminado aún con nosotros. Por eso, cierto hombre de negocios amigo mío ora cada mañana diciendo: "Oh Dios, ¡mantenme vivo hasta que muera!".

Este libro se basa en cuatro verdades fundamentales:

1. El hecho de que estemos vivos demuestra que Dios aún tiene un sueño para nosotros.

Las únicas personas que han dejado de soñar son las que están muertas. Desde luego, nuestros sueños deben adaptarse a nuestra edad, nuestra salud y el trasfondo del que venimos. Pero un sueño no es otra cosa que esperanza, y vale la pena mantenerlo aunque sea solo para que nuestro mañana tenga sentido.

Una de las cartas más devastadoras que yo jamás haya recibido me la envió cierto hombre que estaba en prisión, el cual decía hallarse totalmente desvinculado de su familia. Había sufrido las palizas —y con frecuencia los desprecios y el ridículo— de un padre alcohólico. Dos miembros de su propia familia habían abusado de él tanto sexual como físicamente. La vergüenza y el rechazo que sentía eran insoportables. A la edad de doce años lo pusieron en una casa de acogida, donde experimentó más abusos aún. Pasó gran parte de su vida en varios hospitales psiquiátricos, confinado y atiborrado de medicación.

Al escuchar uno de mis mensajes titulado "Tocando lo intocable", el hombre quería gritar y llorar, pero tuvo miedo de que lo pusieran en aislamiento completo. Esto fue lo que él escribió:

> *Ya no me preocupa que el mundo lo sepa: son ellos los que están enfermos por no aceptar a alguien que ha sido tan castigado y humillado. Los cristianos*

también lo hacen; por eso nunca he podido confiar en nadie ni sentir que hubiera persona alguna a quien le importase. Nunca he conocido realmente la paz ni el verdadero amor. Estoy resentido por las injusticias que veo; me han dicho un millón de veces que deje de justificarme por las cosas que he hecho, pero la gente no entiende...

Ojalá estuviera muerto. Ojalá nunca hubiera conocido la vida. Ojalá Dios no hubiese creado jamás al hombre. Veo la vida como unas tinieblas sin salida...

Siempre he odiado a los cristianos porque, por mucho que le he pedido a Cristo Jesús que me ayude, siento que me sostengo por los pelos. He leído la Biblia y memorizado partes de ella, pero soy incapaz de confiar y aceptar a Dios o su Palabra. Pienso que no soy uno de los elegidos del Señor, y me siento eternamente condenado, y hasta separado de Él, la mayor parte del tiempo. Pero todavía creo un poco, y espero tener importancia para Dios.

Mis emociones están sujetas con cadenas y grillos. ¡Ojalá hubiera podido recibir tu ayuda mucho tiempo atrás, pero siempre te he estado buscando los fallos! Sigo siendo incapaz de creer que alguien pueda llegar a quererme.

La vida me ha dado tantos golpes como puedo soportar. No sé cómo se ama, y lo único en que puedo pensar es en la violencia de la sociedad, en el Gobierno retorcido que tan importante papel desempeña en lo que sucede. Me he llenado de odio y de remordimiento. Quiero ver desesperadamente a alguien: ¡ojalá tuviera alguna persona a la que aferrarme y en quién creer, a alguien que confiara en Dios juntamente conmigo!

Estoy cansado de vivir. Ojalá hubiera una salida o, simplemente, todo fuera un sueño y algún día despertara del mismo. ¡Ayúdame!

A pesar de lo desgarradora que es esta historia, miles pueden identificarse con la profundidad del dolor expresado en la misma. He ahí a un hombre cuyo sueño fue destruido por los pecados de otros... su enojo está justificado. ¿No tiene Dios aún algún sueño para él? Sí, todavía hay esperanza para ese hombre; aún le queda una razón para vivir.

José puede ofrecerle una pequeña vislumbre de esperanza: hay un fino rayo de luz que se filtra desde su prisión en Egipto hasta la celda de este hombre en Nueva Jersey. Que nosotros sepamos, José no tuvo que lidiar con el abuso sexual, la explotación y el confinamiento prolongado; pero se le castigó injustamente, y pasó dos años en una celda primitiva asegurado con grilletes. Aun así, Dios estaba con él.

Muchas personas que ven sus sueños destruidos dejan de soñar. Pero Dios puede reemplazar la ilusión frustrada por otra que Él mismo proporciona.

Según mi experiencia, muchos renuncian a sus sueños con demasiada facilidad: siempre es demasiado pronto para abandonar. Nuestros sueños incluyen tanto risas como llanto, porque conocemos el dolor de lo que es y las posibilidades de lo que podría ser.

Por medio de la vida de José descubrimos que Dios está constantemente redefiniendo, ajustando o sustituyendo los sueños sin cumplir por otros nuevos. Pero el sueño particular de Dios para José —como para cada uno de nosotros— sobrevive.

2. Debemos dejar que Dios nos revele el sueño que tiene para nosotros.

Gracias a la oración y al estudio de su Palabra podemos conseguir una intimidad con Dios que nos proporcione esperanza en medio de cualquier eventualidad. Quizá el sueño del Señor para ti en el momento presente sea solo que te conviertas en un adorador, en alguien que dedica un tiempo valioso a mostrarle aprecio. Más adelante, tal vez puedas servirle de otro modo, formar relaciones y buscar una posición en la vida. Hoy, sin embargo, tu sueño es privado: tan solo entre Dios y tú.

O quizá tu sueño se haya pospuesto por ahora o esté siendo redirigido. Algunos de los que leen estas páginas descubrirán que Dios puede darles un nuevo sueño en el cual nunca antes habían pensado. Cada uno de nosotros todavía tiene la capacidad de soñar.

Una de las preguntas a las que intentaré contestar sobre la base de la historia de José es: ¿Cómo podemos saber la diferencia entre el sueño que Dios tiene para nosotros y nuestros propios sueños? No es fácil contestar a esta difícil pregunta, pero debemos intentarlo.

3. Todos tenemos que vivir con sueños incumplidos.

Muchas personas creen que se sentirán siempre frustradas solo porque las circunstancias de la vida les han negado los sueños que un día abrigaron. Pero esto no es así: incluso los que hemos tenido la suerte de ver muchos de nuestros sueños hechos realidad, debemos resignarnos a no haber podido hacer todo lo que deseábamos, ni llegado a ser exactamente las personas con las que soñábamos.

La pregunta no es si va a haber en nuestras vidas sueños incumplidos o no, sino más bien cómo vamos a aceptar la pérdida de los mismos. Alguien dijo en cierta ocasión que nuestra desilusión puede ser la oportunidad de Dios para nosotros. Tal vez nos sintamos confusos por los obstáculos que salpican nuestro recorrido; pero para Dios —que ve el fin desde el principio— existe un camino incluso en medio de la jungla.

4. Nada puede frustrar los sueños que Dios ha elegido para nosotros.

Con pleno conocimiento de que hay muchas personas que han visto sus sueños frustrados por los pecados de los demás, insisto en que nada —excepto nuestra propia desobediencia— puede destruir el sueño que Dios tiene para nosotros. El Señor toma en consideración todos esos fallos humanos cuando nos proporciona un determinado sueño. El sueño en cuestión se ajusta a la historia de nuestra familia, las injusticias y las pruebas. Dios revisa nuestros sueños y hace que estos se adapten a las circunstancias que nos rodean tanto como sea necesario.

Como veremos, el sueño que Él le dio a José murió muchas veces antes de hacerse realidad; pero, puesto que Dios se lo había dado, al final dicho sueño se cumplió, ¡aunque tardara más de veinte años!

Si pudiéramos entrevistar a José, nos diría: "Dios es más grande que los fallos de tus padres, de tus hermanos o que el veredicto injusto de un tribunal".

Y luego explicaría: "Dios usa el mal para cumplir su propósito si tenemos la fe suficiente para considerar el cuadro más amplio de su designio y voluntad".

Hay un tiempo para vivir y un tiempo para morir, así como también un tiempo para soñar.

Y ese tiempo es ahora.

Capítulo 2

El nacimiento de un sueño

Génesis 25:19-34; 37:1-11

A veces, Dios da un sueño improbable a un soñador más improbable todavía. A José se le concedió un sueño, y se cumplió a pesar de unos obstáculos increíbles. Por tanto, cualquiera de nosotros puede cobrar ánimo.

Si consideramos la familia de José, resulta imposible creer que él estuviera destinado a alcanzar la grandeza. Aunque lo intentemos, no descubriremos ni una sola razón para pensar que un hombre de su calibre pudiera surgir de aquel hogar disfuncional. Sobre su familia pesaba la maldición de las relaciones rotas, el odio, el engaño y el asesinato. Incluso según nuestras normas actuales, la familia de José era un desastre.

Hoy mismo, mientras hojeaba algunos libros en una librería, me impresionó el número de títulos que hay sobre la familia. Algunos trataban de cómo ayudar a los niños que se han criado en hogares monoparentales, y ciertos capítulos lo hacían sobre la manera de afrontar el rechazo, la hostilidad que surge del antagonismo entre hermanos en una familia mixta, y el vacío creado por la ausencia del padre.

José lo entendería. De una forma u otra, todos esos problemas ya existían en su familia extendida hace cuatro mil años. Tal vez los tiempos hayan cambiado, pero la naturaleza humana sigue siendo esencialmente la misma.

Para entender mejor las raíces de José necesitamos hacer un breve resumen de su historia familiar. A través de ella descubriremos cómo los pecados de los padres se repitieron en las vidas de sus hijos. Y lo que es aún más importante, recibiremos aliento al saber que los hijos pueden elevarse por encima de las influencias negativas de sus hogares.

Las raíces de José se hundían en la tierra seca, en un páramo emocional y espiritual. No había tenido ningún buen modelo que seguir, ninguna oportunidad de ver cómo se debe vivir para Dios. Sin embargo, él se elevó por encima de su familia y de sus circunstancias, demostrando que en un hogar corrompido puede surgir un hombre noble. Desafiando las leyes naturales, Dios hizo que una rama fructífera brotara de aquel árbol seco.

¿Y cuáles eran las raíces de José?

Un padre incompetente

Ya que el padre desempeña un papel tan importante en la vida de sus hijos (para bien o para mal), debemos examinar los antecedentes de Jacob, padre de José. Una profecía acerca de su nacimiento habría de tener implicaciones inusitadas…

Isaac, su padre, se había casado con la preciosa Rebeca, hija de Labán, el cual vivía en Harán. La pareja sin duda se regocijaría al ver que Dios les había concedido gemelos; pero, mientras estos luchaban en el vientre de su madre, ella recibió una revelación divina: "Dos naciones hay en tu seno, y dos pueblos serán divididos desde tus entrañas; el un pueblo será más fuerte que el otro pueblo, y el mayor servirá al menor" (Gn. 25:23).

Así que Jacob, padre de José, tenía un hermano gemelo —Esaú— nacido momentos antes que él. Y cuando nació él, lo hizo ya agarrado al talón de su hermano recién nacido, lo cual simbolizaba sin duda su futura astucia y el control que ejercería sobre su hermano mayor.

Desde el principio hubo favoritismos en la familia. Isaac amaba a su hijo Esaú porque era un hombre a quien le gustaba vivir al aire libre; mientras que Rebeca quería más a Jacob. A la larga, esto dividió la familia.

Desde los días de su juventud, Jacob fue un engañador; de hecho, el nombre *Jacob* significa "engaño". Para empezar, con ardides consiguió despojar a su hermano de la primogenitura. Cierto día, cuando Esaú regresaba del campo le dijo a Jacob: "Te ruego que me des a comer de ese guiso rojo, pues estoy muy cansado" (v. 30). Jacob sabía que su hermano tenía poco dominio propio, y vio en aquello una oportunidad para aprovecharse de él. Así que le dio el siguiente ultimátum: "Véndeme en este día tu primogenitura".

Esaú, un hombre carnal que cuando estaba hambriento no podía esperar para comer, aceptó aquello, cedió a su hermano la primogenitura con juramento y el trato fue firme. La bendición especial que le correspondía al primogénito (incluyendo la mayor parte de la herencia) no sería, pues, suya (vv. 27-34).

Pero aún había un obstáculo en el camino de Jacob para asegurarse la condición de primogénito. Anhelaba que su padre Isaac, ya anciano, le diera la bendición especial, a fin de que no quedara duda alguna sobre la herencia. Por aquel entonces, el anciano Isaac probablemente no tenía idea del trato privado que habían hecho los dos hermanos.

Luego, cierto día, Isaac —que estaba casi ciego— le pidió a Esaú que fuese a cazar y le preparase su plato preferido. En ese momento, el padre, ajeno al acuerdo que existía entre sus dos hijos, planeaba bendecir a su primogénito Esaú. Pero Rebeca, al escuchar la conversación, inmediatamente planeó engañar a su marido a fin de que la bendición fuera para su hijo predilecto: Jacob.

Mientras Esaú estaba fuera de casa, la mujer preparó el plato favorito de Isaac y le pidió a Jacob que se agachara al lado del anciano y se hiciera pasar por su hermano. No obstante sus dudas iniciales acerca de si tenía o no puesta la mano sobre Esaú, Isaac siguió adelante y le dio a Jacob la bendición.

Poco después Esaú regresó de cazar y, cuando se enteró de lo que había hecho su hermano, se puso furioso; a pesar del trato entre ellos, quería que se le revocara la bendición a Jacob. Isaac también se enojó, al darse cuenta del engaño, pero habiendo otorgado ya su bendición a Jacob como primogénito, no podía volverse atrás. Así que Esaú recibió solamente una bendición menor (Gn. 27:30-41).

El resentimiento separó a los gemelos. Jacob dejó su casa durante casi veinte años y se fue a trabajar para su tío Labán. Al regresar, se reconcilió con su distanciado hermano, pero la relación entre ambos nunca fue estrecha.

Sin embargo, Jacob no solo le arrebató la primogenitura a su hermano, sino que también engañó a su tío Labán cuando trabajaban juntos criando ovejas y cabras. De hecho, tanto el uno como el otro eran unos embaucadores, y hay varios capítulos de la Biblia dedicados a contar cómo intentaron superarse el uno al otro con acuerdos de negocios poco escrupulosos (Gn. 28—31).

Además de eso, Jacob era terco: Dios intentaba enseñarle innumerables lecciones, pero él aprendía muy lentamente. Después de veinte años, dejó a su tío Labán para volver a casa, lo cual le obligaba a resarcir a su hermano Esaú, del que estaba tan distanciado. De camino, peleó con el Ángel del Señor y, finalmente, fue vencido (Gn. 32:24-32). Su sumisión a Dios (simbolizada por su cambio de nombre, de *Jacob* a *Israel*, "príncipe con Dios") fue, en el mejor de los casos, esporádica. Aunque amaba al Señor no estaba acostumbrado a hacer restitución por sus pecados pasados. No era ningún seguidor modélico de Jehová.

¿Qué características contribuyó Jacob a su matrimonio y sus relaciones familiares? Fue un padre pasivo y, como tal, no ejerció ninguna disciplina significativa sobre la vida de sus hijos. Rubén, su hijo mayor, por ejemplo, cometió incesto manteniendo relaciones sexuales con Bilha, una de las concubinas de su padre. Lo único que leemos acerca de esto es que "Israel lo supo" (Gn. 35:22, BLA). Como es típico de los padres pasivos, Jacob, simplemente, lo dejó pasar.

Nada enojaba lo suficiente a Jacob para moverle a la acción. Su hija Dina fue violada por Siquem —el hijo de un cananeo pagano llamado Hamor—, pero Jacob no intervino para llevar a aquel hombre ante la justicia o aconsejar a su hija en su momento de extrema necesidad. Siquem, a pesar de su conducta pecaminosa, quería casarse con Dina, e hizo lo que pudo para asegurarse la aprobación de Jacob. Pero este no actuó con decisión, así que los hermanos de la chica (los famosos doce hijos del patriarca) engañaron a los hombres de la ciudad de Siquem, diciéndoles que podrían casarse con las mujeres israelitas si se sometían al rito de la circuncisión. Ellos accedieron al trato y, cuando todos los varones se estaban recuperando de aquella dolorosa experiencia, ¡los hijos de Jacob atacaron la ciudad y no dejaron vivo a ninguno de ellos! Seguidamente, toda la ciudad fue saqueada, y las mujeres casadas y los niños raptados (Gn. 34:1-31).

Jacob no se inquietó por aquel deseo equivocado de justicia, ni dijo nada a sus hijos en cuanto a sus perversos actos. Como la mayoría de los padres pasivos, solo le preocupaba su reputación: "Me habéis traído dificultades, haciéndome odioso entre los habitantes del país… ellos se juntarán contra mí y me atacarán, y seré destruido yo y mi casa" (v. 30, bla). ¿Te das cuenta? Con toda aquella maldad a su alrededor, lo único en que podía pensar era en su propia reputación y seguridad.

Por último, Jacob cayó también en el favoritismo. No le importaba decir que amaba más a Raquel que a Lea, y que quería más a José que al resto de sus hijos. Obviamente, él no tenía el privilegio de contar con toda la literatura contemporánea sobre la importancia de "amar a todos incondicionalmente y por igual", pero el sentido común debería haberle advertido de que no es posible mostrar un favoritismo tan obvio sin causar conflictos entre los hermanos. Aunque hay varias razones por las que Jacob demostraba favoritismo hacia José, el hecho es que *los padres pasivos siempre tendrán como favorito al hijo que no les dé problemas.*

Jacob es un ejemplo de cómo los pecados de los padres se castigan a menudo en la siguiente generación. Sus progenitores habían tenido favoritismos con sus hijos, y él también los tuvo. En lugar de aprender de los errores de sus padres, Jacob los perpetuó. Según la Escritura: "Amaba Israel a José más que a todos sus hijos" (Gn. 37:3).

Por suerte, hay excepciones a esta regla de que los hijos caigan en los mismos pecados que sus padres. Un padre alcohólico frecuentemente tiene hijos que llegan a ser alcohólicos, pero no siempre sucede así. A veces el mismo pecado solo se da en uno de los descendientes, y otras el ciclo se rompe por la intervención directa de Dios mediante la salvación. Pero los hijos repiten generalmente los pecados de sus padres *a menos que conscientemente tomen la decisión de hacer lo contrario.* José —como veremos— no imitó las imperfecciones de Jacob. Aunque el agua no rebasa nunca el nivel de su fuente, los hijos a veces sí lo hacen, y en ocasiones puede encontrarse un hijo con buen carácter en el hogar más inesperado.

A pesar de que Jacob era un mal ejemplo, José estaba hecho con otro molde. El padre y el hijo se amaban, pero tenían rasgos de carácter diferentes; lo cual nos recuerda que los padres no son los únicos que influyen en las vidas de sus retoños. Afortunadamente, en el caso de algunos hijos, la influencia de su Padre celestial es más poderosa que la de sus progenitores terrenales.

Una familia mezclada

Jacob era también polígamo: en realidad, se había casado con Lea y Raquel, dos de las hijas de Labán. El problema residía en que, aunque él amaba más a Raquel que a Lea, el destino quiso que la primera fuese estéril. Esto constituía una deshonra tan grande en aquellos tiempos, que la mujer estéril le entregaba su criada a su marido, y el niño que nacía de la relación entre ambos era considerado hijo de la propia esposa. De hecho, los arqueólogos han encontrado tablas en las que se indica que una mujer estéril estaba *obligada* a proporcionarle a su marido una esposa sustituta para que pudiera tener descendencia. Recuerda que lo mismo había hecho Sara, dándole a Agar por mujer a su esposo Abraham.

Cierto día Raquel discutió con Jacob y le gritó en tono acusador: "Dame hijos, o si no, me muero". A lo que el hombre respondió que él no era Dios, y que por tanto no se le podía pedir que hiciera un milagro. Entonces Raquel le dijo que tomara a su sierva Bilha y engendrara un hijo de ella; y Jacob accedió (Gn. 30:1-4).

Lea, a pesar de que tenía hijos propios, no queriendo verse superada, siguió la estela de su hermana y le entregó a Jacob su sirvienta Zilpa, la cual le dio hijos.

¡Imagínate a los doce hijos de Jacob, nacidos de cuatro madres diferentes, viviendo todos en la misma casa y cada uno deseando alcanzar una posición de prominencia! Toda la envidia y el odio que una situación así puede provocar quedaría patente al cabo de los años. No resulta extraño que los doce hijos de Jacob fueran un conjunto tan particular de desavenidos hermanastros.

Ahí tenemos a una familia mezclada de efectos devastadores. Aunque José contaba con el beneficio personal del amor de su padre, creció en un hogar en el que había continuamente tensiones y conflictos. No es extraño que le odiaran, mintieran acerca de él y, más adelante, lo vendieran.

Aquella familia, con un padre pasivo presidiendo sobre dos esposas, dos sirvientas madres sustitutas y un total de al menos trece hijos (recuerda también a Dina), no era precisamente el mejor entorno para encontrar a un joven con estabilidad emocional y espiritual. A pesar de todo —y gracias a Dios—, eso sucedió entonces y sigue sucediendo hoy día.

Hermanos llenos de odio

Ya he subrayado que Jacob mostraba favoritismo hacia José. Una de las razones de ello era que se trataba del primogénito de Raquel, su esposa favorita. A pesar de que Rubén era el mayor de los doce hijos en cuanto a la edad, el trato preferencial se lo llevaba José.

Tal vez los hermanos de José podrían haber soportado el favoritismo, pero sucedieron dos cosas que llevaron su resentimiento al punto más alto.

Primeramente, Jacob le dio a José una túnica especial "de diversos colores" (Gn. 37:3). Aquella no era una túnica más, sino que estaba cargada de simbolismo. Para empezar, significaba *derechos de herencia*; por tanto, se estaba identificando a José como el primogénito que habría de recibir la mayor parte de la herencia paterna. Así como Jacob había competido para obtener el privilegio de la primogenitura de parte de su propio padre, ahora pasaba por alto a Rubén y le daba la bendición especial a José.

La túnica simbolizaba, además, liderato: José habría de ser considerado el sacerdote de la familia y respetado por sus prerrogativas espirituales.

José era el hijo más querido de Jacob, y ahora se le ponía a la altura de su padre. ¡Solo podía haber una túnica de colores por familia! Solo había un primogénito, un líder, un hijo predilecto, y la túnica de José lo decía todo.

Por eso leemos: "Y viendo sus hermanos que su padre lo amaba más que a todos sus hermanos, le aborrecían, y no podían hablarle pacíficamente" (v. 4). Estaban tan furiosos, que no eran capaces de dirigirse a él sin que el odio brotara juntamente con sus palabras.

Hubo, además, una segunda circunstancia que los empujó por el precipicio emocional. José tuvo dos sueños en los cuales él desempeñaba el papel prominente y sus hermanos uno de menor importancia: el de siervos suyos. De hecho, en esos sueños, los arrogantes hermanos de José se postraban delante de él.

En el primero de ellos, José y sus hermanos estaban atando manojos de espigas en el campo, y el manojo de José se erguía y se mantenía derecho, mientras que los demás se inclinaban ante el mismo. José, inocentemente, pidió a sus hermanos que escucharan su sueño, ¡como si creyera que les entusiasmaría oírlo! "¿Reinarás tú sobre nosotros —respondieron ellos—, o señorearás sobre nosotros? Y le aborrecieron aún más a causa de sus sueños y sus palabras" (v. 8).

El primer sueño tenía que ver con la agricultura: tal vez un indicio de cómo obtendría José la autoridad sobre sus hermanos. El segundo se relacionaba con la esfera celeste: el sol, la luna y las estrellas se postraban ante él. Tanto su padre, como su madre y sus hermanos se inclinarían en su presencia, y José estaría por encima de toda la casa de Jacob.

Jacob, entonces, reprendió a José por comunicar aquel sueño privado a todos los miembros de la familia, previniendo el odio que ello causaría. El propio Jacob sentía cierta incredulidad: "¿Qué sueño es éste que soñaste? ¿Acaso vendremos yo y tu madre y tus hermanos a postrarnos en tierra ante ti?" (v. 10). Al igual que la primera vez, la reacción de sus hermanos al oír este segundo sueño fue de rabia y de envidia.

Aunque los sueños de José procedían evidentemente de Dios, debemos cuestionar la sabiduría del joven al contárselos a sus hermanos y a su padre. Él era tristemente consciente de que sus hermanos le odiaban, y sabía que aquellos sueños tan solo avivarían el odio de ellos convirtiéndolo en un fuego imposible de apagar. La brecha entre él y sus hermanos iba a hacerse irreparable.

Pero Dios usó aquellos acontecimientos —incluso las imprudentes acciones de José— para cumplir su propósito. Las decisiones insensatas de los hombres nunca pueden frustrar los planes divinos. José amaba a Dios, y el propósito del Señor para su vida se cumpliría a pesar de todo. Aquellos sueños llegarían a formar parte del tapiz de la vida de José.

Los psicólogos nos dicen que hay dos factores que determinan quiénes somos en la vida y en qué nos convertiremos. Uno de ellos es la herencia, y el otro el entorno. El entorno de José resultaba tan poco atractivo que rayaba en lo deprimente: un padre engañador, la pérdida temprana de su madre y una caterva de hermanos crueles.

En cuanto a su herencia, está claro que se trataba de un joven talentoso y que poseía más sabiduría y discernimiento espiritual de los que le correspondían. Pero aún más importante: la mano de Dios estaba sobre su vida y el Señor iba a encargarse personalmente de que sus sueños se cumplieran.

El resentimiento más profundo que he conocido nunca ha sido entre los miembros de una misma familia: un hermano astuto que quita a su hermana del testamento de sus padres, una madre divorciada que no permite que los padres de su exmarido vean a sus propios nietos… estas y otras incontables situaciones familiares producen las más amargas y malévolas heridas emocionales. A menudo, en estos casos, el odio jamás se resuelve y la gente lo lleva consigo hasta la tumba. "El hermano ofendido —dice Proverbios— es más tenaz que una ciudad fuerte, y las contiendas de los hermanos son como cerrojos de alcázar" (Pr. 18:19).

La raíz de dicho odio es, con frecuencia, la envidia: la sensación de que se está favoreciendo a algún otro miembro de la familia más que a nosotros. Ese resentimiento, normalmente, va unido al anhelo de venganza: la historia de Caín y Abel se repite casi en todas las genealogías humanas.

Más de la mitad de los niños que nazcan este año en los Estados Unidos vivirán, en algún momento de su infancia, solo con uno de sus progenitores naturales en casa. La tensión que produce una "familia mezclada" es comprensible: cuando varios individuos infelices y resentidos intentan vivir bajo el mismo techo, las acusaciones de favoritismo, los sentimientos de rechazo y de explotación, afloran rápidamente. Casi siempre, una familia mezclada es una familia fragmentada.

José nos recuerda que Dios está con aquellos que son expulsados de sus hogares o sufren el impacto del odio y el maltrato. Podemos, por tanto, elevarnos por encima de nuestra herencia y nuestro entorno.

Si considerásemos las raíces de José, nunca pensaríamos que llegaría a ser un gigante de Dios. Los pecados de Jacob se estaban reproduciendo en las vidas de sus hijos: había en ellos traición y engaño. José no tuvo un modelo de cómo vivir agradando al Señor; aunque en ciertos momentos su padre pareciera estar andando con Él. Sin embargo, de aquella seca raíz brotó una rama fructífera.

Cualesquiera que hayan sido los fallos de nuestros padres, no estamos condenados a que su mala influencia nos destruya. Si no podemos considerar a nuestros progenitores terrenales como modelos de conducta cristiana, debemos romper conscientemente con su influencia negativa y seguir a nuestro Padre celestial, el cual se especializa en liberar a las personas de las ataduras del pasado.

Pasarían más de veinte años antes de que José aprendiera esta lección. Por el momento Dios le estaba enseñando que no podía depender del hombre —en este caso, de su familia— para que sus sueños se cumplieran: tendría que olvidarse de todo el decorado que le rodeaba. Ya no podía esperar que le llegase ayuda de sus seres queridos. Dios y él estaban solos.

Para que el sueño de José se cumpliera, el Señor tenía que hacerlo. No había otra manera de lograrlo: "Aunque mi padre y mi madre me dejaran, con todo, Jehová me recogerá" (Sal. 27:10).

Capítulo 3

El sueño amenazado

Génesis 37:12-36

"¡Aquí viene el soñador!". Le habían visto desde lejos, andando hacia ellos, ataviado con la majestuosa túnica que inflamaba su antagonismo. ¡Era la oportunidad de matarle y poner fin, de una vez por todas, a sus odiosos sueños!

El padre de José le había pedido que fuera a echar un vistazo a sus hermanos: "Ve ahora —le había dicho—, mira cómo están tus hermanos y cómo están las ovejas, y tráeme la respuesta" (Gn. 37:14). A pesar de saber el odio que ellos le tenían, José emprendió el camino de casi cien kilómetros desde la ciudad sureña de Hebrón hasta Siquem, en las llanuras centrales. Pero cuando llegó a Siquem no encontró a sus hermanos. Mientras vagaba por el campo se cruzó con un hombre, y le preguntó si sabía cuál era el paradero de ellos. El extraño le respondió que había oído rumores de que estaban en Dotán.

José entonces continuó su caminata andando otros quince o veinte kilómetros más hacia el norte, hasta cubrir un total de ciento veinte kilómetros aproximadamente desde su casa. Cuando se iba acercando a sus hermanos, estos le reconocieron y comenzaron a fraguar un plan para matarlo: "Ahora pues, venid, y matémosle —dijeron— y echémosle en una cisterna, y diremos: alguna mala bestia lo devoró; y veremos qué será de sus sueños" (v. 20).

Ahí estaba la "solución final": una vez muerto José, sus sueños morirían también. Esa sería la prueba —si es que hacían falta pruebas— de que no se trataba más que de un soñador, con la cabeza hueca, indigno de que se le tomara en serio. También acabaría con la estúpida insistencia de su padre Jacob en que ese hijo era el que había de heredar la bendición. ¡Por fin iban a aplacar su odio!

Pero Rubén, el primogénito de Jacob por la edad, les convenció de no llevar a cabo sus planes y sugirió una respuesta más comedida hacia su hermanastro: "No derraméis sangre; echadlo en esta cisterna que está en el desierto, y no pongáis mano en él" (v. 22). Esto lo dijo con la intención de devolver al joven a su padre.

¿Se trataba de una preocupación genuina por parte de Rubén? Resulta tentador pensar que este hijo, el primogénito, era más noble que el resto de sus hermanos, y tal vez lo fuera. Pero más probable todavía es que temiera enfrentarse a su padre si llegaba a enterarse de que habían matado a su hijo favorito. Recuerda que Rubén ya tenía bastantes problemas por haber cometido incesto con Bilha, una de las concubinas de Jacob, madre de Dan y de Neftalí (Gn. 35:22). Esto podría explicar por qué, aunque estaba ausente cuando vendieron a José, accedió, sin embargo, rápidamente, a mentir sobre su desaparición. Ante la disyuntiva de participar en ese engaño o arrepentirse plenamente, eligió acceder a aquel siniestro plan.

Cuando José llegó, le arrebataron su túnica preciosamente adornada y lo echaron en un pozo vacío. Luego, se sentaron a comer. A medida que el tiempo transcurría, el enojo de ellos, en vez de disminuir, se iba calentando como a fuego lento hasta que, por fin, entró en ebullición. Con cada momento que pasaba, sus corazones se endurecían más y más, y la decisión de poner fin a los irritantes sueños de su hermano se hacía mayor…

Siglos después, cuando el profeta Amós quiso describir la indiferencia del corazón de los habitantes de Jerusalén, usó como ejemplo la historia de José, advirtiendo contra aquellos que "beben vino en tazones, y se ungen con los ungüentos más preciosos; y no se afligen por el quebrantamiento de José" (Am. 6:6). Un detective de Chicago me dijo en cierta ocasión que, después de trabajar con pandillas durante años, aún se sorprendía de que un criminal pudiera matar a alguien y luego entrar en un restaurante y, con total indiferencia, comer con sus amigos como si nada hubiera pasado.

Ya sea que José oyera o no la conversación de sus hermanos, probablemente pensaba que le soltarían para que se fuera a su casa cuando terminasen de comer. Pero esto no habría de suceder.

Pongámonos en su lugar, y reflexionemos acerca de lo que debió de haber sentido aquel día tan solitario.

Sintió sus palabras de odio

José no les había hecho nada a sus hermanos. Puede que no se hubiese comportado sabiamente contándoles su sueño, ¿pero quién de nosotros no ha dicho cosas que, tras reflexionar, hubiese preferido no haber dicho? Después de todo José no era perfecto, y como sus hermanos tampoco eran exactamente un dechado de perfección, cabría esperar que le aceptasen a pesar de sus fallos. Él no sentía animosidad alguna hacia ellos, ni tenía la intención de hacerles la vida imposible.

Tampoco había elegido ser amado por su padre, ni ser el hijo mayor de Raquel, la esposa favorita de Jacob. No había competido por el primer puesto en la fila de la bendición, ni planeado apartar a Rubén de la herencia que, por tradición, era suya. La idea de la túnica no había salido de él, y aunque su padre le hubiera enviado a saber de sus hermanos, él no era ningún espía: pensaba hacerles una breve visita y luego volver a casa.

El odio hacia José era inmerecido, no lo había provocado él; pero tampoco estaba a su alcance el disiparlo. No podría haberse sentado con sus hermanos para resolver sus diferencias y llegar a un acuerdo razonable sobre el lugar que ocupaba cada uno en el árbol genealógico familiar. Leemos que, incluso antes de tener aquellos sueños, ellos "no podían hablarle pacíficamente" (Gn. 37:4). Es imposible calmar el odio irracional con una conversación sensata.

La mayoría de las veces, el odio se alimenta del tormento interior del alma, de las inseguridades y el enojo que provienen de que las personas no están dispuestas a aceptar la voluntad de Dios. Las semillas del odio se hallan enterradas en cada corazón humano, y crecen cuando se las riega con envidia, codicia y tozudez. El odio no necesita una razón para existir: se nutre de sí mismo en el interior del corazón egoísta. A veces, la persona que odia está simplemente reflejando sus propias emociones retorcidas.

Allí, en aquella cisterna, José probablemente esperaba que alguno de sus hermanos tuviera la entereza de sugerir que lo liberasen. Pero lo único que escuchaba eran maquinaciones, muestras de animadversión y palabras de resentimiento. Luego, le dijeron que habían avistado una caravana de comerciantes que pasaba por Dotán en su ruta hacia Egipto.

A José no solo le hirieron las palabras de ellos, sino también sus actos. En cuestión de minutos sería vendido como esclavo a aquellos hombres crueles, lo cual, sabía, era peor que la muerte.

Sintió sus actos de odio

Aquella caravana de ismaelitas procedente de Galaad llevaba resina aromática, bálsamo y mirra, con la esperanza de poder vender esos artículos y obtener un beneficio. A pesar de la barrera idiomática, los hermanos de José sabían que podrían llegar a un acuerdo con ellos.

Momentos antes habían estado hablando de matar a su hermano, pero Rubén se lo había impedido. Ahora fue Judá quien tuvo una idea mejor: si *vendían* a José, obtendrían el mismo resultado que matándole. Los sueños de este desaparecerían para siempre, y ellos recibirían el beneficio añadido de un dinero extra. "Venid —les dijo—, y vendámosle a los ismaelitas, y no sea nuestra mano sobre él; porque él es… nuestra propia carne" (Gn. 37:27).

Todos estuvieron de acuerdo. ¿Por qué matar a tu hermanastro cuando puedes venderlo y dejar que muera a manos de extranjeros? Además, así obtendrían una ganancia inmediata. "Y cuando pasaban los madianitas mercaderes, sacaron ellos a José de la cisterna, y le trajeron arriba, y le vendieron a los ismaelitas por veinte piezas de plata. Y llevaron a José a Egipto" (v. 28).

¿Cómo crees que reaccionaría José ante aquella penosa experiencia? A menudo lo exaltamos como si estuviera por encima de la debilidad humana. Tal vez nos parece que soportaría impasiblemente la prueba, con una sonrisa en los labios, confiando en que la voluntad de Dios se estaba cumpliendo.

Pero nada de eso: si bien José era un joven extraordinario, también experimentaba todo el abanico de sentimientos humanos. Reaccionó ante aquello con las mismas lágrimas y el mismo dolor que lo haría cualquiera de nosotros. Veinte años después, cuando —como veremos— sus hermanos comenzaron a sentir remordimiento por lo que habían hecho, se decían entre sí: "Verdaderamente hemos pecado contra nuestro hermano, pues vimos la angustia de su alma cuando nos rogaba, y no le escuchamos; por eso ha venido sobre nosotros esta angustia" (Gn. 42:21).

¡Ellos vieron la angustia del alma de José, pero no le escucharon! Allí, en el pozo, él les rogaba que no lo vendieran, pero no hicieron caso. Sus conciencias estaban tan endurecidas, su odio tan descontrolado, que las lágrimas y súplicas de su hermano no los conmovían: lo único que les importaba era vengarse de aquel soñador tan arrogante.

Así que ataron a José y lo pusieron sobre un camello, al tiempo que sus hermanos contaban las piezas de plata. Mientras viajaba por el camino arenoso, a José le sobraban razones para pensar que nunca volvería a ver a su padre. No había ocasión de contar lo que realmente había pasado; ninguna oportunidad de decir "adiós" o de planear una reunión futura. Iba a convertirse en un esclavo, y a servir con aquellos vívidos recuerdos del profundo odio que le habían prodigado sus hermanos. Por mucho que llorase la soledad y el rechazo, no había vuelta atrás: su sueño se había desvanecido.

Los diez hermanos de José (obviamente Benjamín no

estaba con ellos) tenían ahora veinte piezas de plata para repartirse. Cada uno recibiría dos monedas: un dinero del que podrían disfrutar, puesto que representaba la vida de su hermanastro a quien tanto odiaban. No sabemos lo que comprarían con ese dinero, pero es muy probable que se jactaran de poder pagarse algunos deleites a costa del soñador.

José no solo sentía tristeza por sí mismo, sino también por su anciano padre, al cual amaba. Como ya hemos visto, Jacob no era un padre perfecto, pero entre él y su hijo José existía un vínculo especial, y este podía imaginarse el dolor que estaría sintiendo el anciano.

Ahora José estaba en compañía de desconocidos, cuyo idioma no podía entender y cuyas costumbres le eran ajenas. No había nadie con quien hablar de su dolor: solamente Dios estaba con él.

A pesar de que el texto bíblico no nos cuenta cómo mantuvo José su relación personal con Dios, podemos suponer que pasó muchas horas buscando el rostro del Todopoderoso. Al igual que David, pasó seguramente sus momentos de depresión y duda —"Hubiera yo desmayado, si no creyese que veré la bondad de Jehová en la tierra de los vivientes. Aguarda a Jehová; esfuérzate, y aliéntese tu corazón; sí, espera a Jehová" (Sal. 27:13-14)—; pero, en su desesperación, Dios estuvo con José.

El dolor de su padre

¿Y qué pasó después? Los hermanos recordaron que su padre estaba en Hebrón aguardando el regreso de su amado hijo. De ninguna manera podían decirle la verdad. ¿Cómo iban a mirarle a los ojos y contarle que habían vendido a José como esclavo?

Así que un pecado los llevó a otro: "Entonces tomaron ellos la túnica de José, y degollaron un cabrito de las cabras, y tiñeron la túnica con la sangre; y enviaron la túnica de colores y la trajeron a su padre, y dijeron: esto hemos hallado; reconoce ahora si es la túnica de tu hijo, o no" (Gn. 37:31-32). Luego esperaron, con apariencia inocente, la reacción de su padre.

La mentira funcionó; y Jacob les dijo: "La túnica de mi hijo es; alguna mala bestia lo devoró; José ha sido despedazado" (v. 33). El anciano se rasgó las vestiduras y puso cilicio sobre sus lomos, e hizo luto por su hijo José durante muchos días. Cuando sus otros hijos intentaron consolarle, él rechazó los gestos de ellos expresando: "Descenderé enlutado a mi hijo hasta el Seol" (v. 35).

¡Jacob no imaginaba ni por un momento que sus hijos hubieran inventado aquella historia! Ni siquiera él, que tantos engaños había perpetrado, pensaba que hubiese nadie capaz de cometer un acto tan despreciable. Así que creyó la historia de ellos y aceptó las consecuencias en su vida.

Durante veinte años, los hermanos de José mantuvieron su pacto de ocultar la verdad a su padre. Día tras día, mes tras mes y año tras año callaron, contemplando el dolor de Jacob. Como una sirena a la que se le acaba la batería, la voz de sus conciencias fue disminuyendo paulatinamente sus decibelios. Años después, tan solo les quedaba un leve remordimiento que salía a luz de vez en cuando. Algún viaje a Dotán, contemplar una túnica de colores o la postura encorvada de su anciano padre llorando por su hijo, eran cosas que les traían vagos recuerdos. Pero habían vivido tanto tiempo guardando el secreto que, con el paso de los años, de nada servía ya contar la verdad. No tenían idea de que algún día Dios los confrontaría con su pecado. A Jacob podían mentirle, pero no al Señor.

José, por supuesto, no sabía lo que ellos le habían dicho a su padre. Seguramente se imaginaba que le habrían contado una mentira; pero no podía saber si él los había creído o no. Y mientras pasaban los años, tampoco tenía noticia de si su padre seguía vivo o habría muerto: el velo de ignorancia que le separaba de su familia acrecentaba su dolor.

No tenía más opción que acudir a Dios.

Algunas lecciones básicas

De esta historia sacamos algunas lecciones fundamentales. Primeramente, que *los pecados vienen en racimos.* Un pecado está ligado de tal manera con otro que es casi imposible cometerlo por separado: en cuanto los hermanos de José hicieron sitio en su corazón para el odio y la envidia, surgió la traición y hasta se pensó en el asesinato. Después de estas cosas vinieron la mentira y el hábito de engañar.

El pecado es al alma lo que los gérmenes al cuerpo. A pesar de su naturaleza invisible e inicialmente inofensiva, un virus se extiende rápidamente y debilita el cuerpo entero. Los recursos del sistema inmunológico se agotan, y este no puede ya luchar contra la infección. Sin una dosis masiva de medicinas, la muerte no tardará en producirse. Como dijera Santiago: "Cada uno es tentado, cuando de su propia concupiscencia es atraído y seducido. Entonces la concupiscencia, después que ha concebido, da a luz el pecado; y el pecado, siendo consumado, da a luz la muerte" (Stg. 1:14-15). El pecado oculto se pudre, se extiende y contamina el alma.

Los hermanos de José habían tomado un rumbo que, con el paso del tiempo, endureció sus corazones hasta tal punto que no podían ya sentir el dolor de su hermano. Como en el caso de los padres que maltratan habitualmente a sus hijos, los corazones de aquellos hombres se volvieron de metal, llevándolos a hacer lo malo con determinación y propósito.

Pero el tiempo no habría de borrar su culpa y, finalmente, Dios haría que sus conciencias endurecidas despertaran. Aquel pecado les vendría a la memoria: años después, volverían a sentir. El acto que habían tratado de olvidar los miraría directamente a los ojos.

De la misma forma que el fruto del Espíritu viene en racimos, las obras de la carne también están interrelacionadas. No hay ningún pecado que pueda cometerse aisladamente de todos los demás: o confesamos y renunciamos a nuestros pecados, o estaremos condenados a repetirlos en una escala mayor.

De ahí surge una segunda lección: *nadie puede destruir los sueños que Dios nos ha dado*. Los crueles hermanos de José pensaban que habían puesto fin a los sueños de este; pero los propósitos y los planes divinos jamás pueden verse frustrados por los fallos de terceras personas, ni siquiera de nuestros familiares.

Además de los sueños que Dios le había dado, José seguramente tenía los suyos propios. Soñaba con tener un hogar, poseer ovejas y tierras, casarse y ser padre, o disfrutar de largas charlas con Jacob. Todos esos sueños quedaron destruidos el día que sus hermanos lo vendieron… pero hubo *uno* que sobrevivió.

Si vienes de una familia en la que impera el odio, sabrás que nada les gustaría más a algunos de tus familiares que ver destruidos tus sueños. Los que son incapaces de reconocer sus propios defectos serán los primeros que se regocijen de las desilusiones y tragedias de los demás. De hecho, harán cuanto puedan para contribuir al dolor de aquellos a quienes deberían amar.

Pero sus malévolos esfuerzos no pueden poner fin a los sueños que Dios tiene para nosotros. El Todopoderoso hace que broten sueños incluso de los malentendidos y el rechazo. Sí, hay sueños que nacen del maltrato y que Dios pondrá en nuestro corazón para que los cumplamos. Aunque no sean los sueños que nosotros elegiríamos, no dejan de ser sueños —*sueños de Dios*— que brotan en medio de las cenizas de la derrota y el fracaso.

El sueño que Dios le había dado a José sobrevivió. El Señor no le abandonó cuando lo ataron y pusieron sobre un camello para emprender su largo viaje a Egipto. Su padre terrenal se quedó en la tierra de Canaán, pero su Padre celestial cruzó con él la frontera egipcia. Este Padre es simplemente demasiado poderoso y demasiado sabio para dejarse disuadir por la crueldad humana.

José, por supuesto, no entendió aquello en ese momento. Tendría antes que experimentar la soledad, la incomprensión y el dolor del rechazo. Pasarían veinte largos años antes de que pudiera ver cumplido su sueño; pero ese sueño se cumpliría.

Tozer estaba en lo cierto cuando dijo: "Es dudoso que Dios pueda usar considerablemente a un hombre antes de haberle herido también considerablemente". José iba camino de desempeñar un gran papel en la historia de la joven nación de Israel y del gran estado egipcio, para el cual debía ser considerablemente probado.

Una cosa resultaba evidente: José estaba aprendiendo

que jamás podría depender de ningún ser humano para que
el sueño de Dios para su vida se cumpliera. Tenía que morir
a su propia familia: ese fue el primer apoyo que se le retiró.

Y aprendería una serie de lecciones similares en el
futuro; ya que, en Egipto, José y Dios iban a estar solos.
La responsabilidad de que se cumplieran los sueños que
el Señor le había dado era únicamente de Dios.

CAPÍTULO 4

El sueño probado

Génesis 39:1-23

Todos los sueños dados por Dios se someten a prueba. La familia de José logró destruir muchos de los sueños que él tenía, pero fue incapaz de frustrar aquel que Dios le había dado. *Ese* sueño se cumpliría.

Sin embargo, José mismo hubiera podido arruinar el sueño de Dios fracasando en las pruebas que Él había colocado en su camino. Pudo haber malgastado su vida tomando la senda de menor resistencia, o pinchado su propio globo y rebelándose contra las circunstancias que el Señor había planeado para él. Por supuesto, si esto hubiera sucedido, Dios habría remodelado el sueño de José, ya que el Todopoderoso nunca deja a sus hijos sin algún tipo de sueño.

En Egipto vendieron a José a Potifar, jefe del servicio de seguridad de Faraón. Esto le colocó en situación de poder ascender a un puesto de liderato: "Mas Jehová estaba con José, y fue varón próspero; y estaba en la casa de su amo el egipcio" (Gn. 39:2).

José sabía que si servía bien a Potifar estaría sirviendo bien a Dios. Los pecados de sus hermanos lo habían llevado hasta allí, pero él comprendía que incluso ese mal formaba parte de la voluntad providencial del Señor. Por tanto, realizó su trabajo para su dueño con tal fidelidad e integridad que lo ascendieron, y fue hecho criado personal de Potifar.

Este ascenso significaba tener a su cargo todas las posesiones del egipcio; y Dios bendijo a Potifar por causa de José: "Y aconteció que desde cuando le dio el encargo de su casa y de todo lo que tenía, Jehová bendijo la casa del egipcio a causa de José, y la bendición de Jehová estaba sobre todo lo que tenía, así en casa como en el campo" (v. 5). Incluso los paganos pueden ser bendecidos por la presencia junto a ellos de uno de los siervos del Señor.

José supo administrar sus éxitos con sabiduría: no utilizando indebidamente sus privilegios, ni abusando de la gran fe que Potifar había puesto en él. Sus habilidades y responsabilidades se complementaban perfectamente, y por lo que a él concernía hubiera podido servir en aquel sitio durante muchos años. Pero iba a surgir una situación que destruiría el cómodo estilo de vida de José...

Evidentemente, Potifar pasaba mucho tiempo fuera de casa atendiendo a sus deberes como jefe del servicio secreto egipcio: Faraón necesitaba protección las veinticuatro horas del día, y el amo de José era fiel a su tarea.

Esto significaba, sin embargo, que José y la esposa de Potifar estaban muchas horas juntos y a solas en la casa. Y para empeorar aún más las cosas, José era particularmente atractivo. Eso hacía que la esposa de su amo a menudo lo mirara con exaltado deseo sexual y le hiciera algunas insinuaciones, esperando que él respondiera a las mismas. Pero José no prestaba atención a la mujer.

Luego, ella se volvió más audaz: "Aconteció después de esto, que la mujer de su amo puso sus ojos en José, y dijo: Duerme conmigo" (v. 7). Pero él se negó, alegando que Potifar había dejado todo en sus manos y hacerlo supondría una violación de la confianza puesta en él. Y concluyó diciendo: "¿Cómo, pues, haría yo este grande mal, y pecaría contra Dios?" (v. 9).

La mayoría de las mujeres se habrían detenido una vez alcanzado este punto, razonando que aquel joven estaba demasiado comprometido con algunos principios morales arcaicos. Pero lamentablemente eso no desanimó a la esposa de Potifar, quien siguió acosándole e insistiendo en que disfrutaran el uno del otro sexualmente. Le decía aquello día tras día, pero él continuaba rehusándose a aceptar sus avances. Entonces un día, cuando estaban solos en la casa, ella hizo su más osado movimiento, agarrando a José por la ropa y diciéndole: "Duerme conmigo". Pero José dejó su ropa en las manos de ella y corrió afuera (v. 12).

Hasta ahí, todo bien: José había escapado con su reputación intacta. Pero la esposa de Potifar estaba furiosa y se sentía humillada. Se dice que "la ira del infierno no es comparable a la de una mujer rechazada". Ella decidió entonces inventarse una historia que la alabaría a ella y, al mismo tiempo, pondría a aquel joven en su lugar. Seguidamente leemos: "Cuando vio ella que le había dejado su ropa en sus manos, y había huido fuera, llamó a los de casa, y les habló diciendo: Mirad, nos ha traído un hebreo para que hiciese burla de nosotros. Vino él a mí para dormir conmigo, y yo di grandes voces; y viendo que yo alzaba la voz y gritaba, dejó junto a mí su ropa, y huyó y salió" (vv. 13-15).

Cuando su esposo llegó a casa, la mujer le contó la misma historia; diciendo que José se la había insinuado y que, al gritar ella, había escapado dejando su manto. Allí estaba la prenda, a su lado, para demostrarlo.

Como era de esperar, Potifar creyó a su esposa y José fue arrojado en la cárcel del rey. No tuvo juicio, ni oportunidad para contar su versión de la historia. La recompensa que recibió por su fidelidad a Dios fue una mazmorra.

Humanamente hablando, a José no le faltaban razones para responder favorablemente a los avances de aquella mujer. Si hubiera vivido en nuestros días, los filósofos morales fácilmente hubiesen aprobado esa aventura amorosa. Consideremos algunas de las excusas que podría haber dado para tenerla.

Era sexualmente vulnerable

José estaba lejos de casa y vivía entre gente con un idioma que a duras penas podía comprender. Los egipcios no entendían su religión ni sus raíces. No tenía amigos a quienes rendir cuentas. Si mantenía relaciones sexuales con esa mujer, su familia nunca lo sabría.

Hay solteros hoy día que van a una gran ciudad con la intención de practicar la inmoralidad. En su lugar de origen, donde son conocidos por sus familiares y amigos, temen la vergüenza que pudiera causarles el tener un encuentro sexual; así que se trasladan adonde no son conocidos para correrse su juerga.

José pudo haber razonado que aquella era su oportunidad para experimentar su "rito de iniciación" al mundo del placer sexual. Incluso en el caso de que Dios le hubiera visto, ¡el Todopoderoso no tiene por costumbre ir a contárselo a nadie! El joven tenía la posibilidad de hacerlo y pasar desapercibido.

Disfrutaba de una exaltada posición en Egipto

Potifar era el jefe del servicio secreto egipcio —ciertamente una gran responsabilidad—, y aquel hombre tan enaltecido había dejado literalmente todo, excepto a su esposa, en manos de José.

El éxito es el terreno donde con frecuencia florece la inmoralidad. Quienes se encuentran en la parte alta de la escala social a menudo razonan que las reglas no son para ellos. Como Dios los ha bendecido en el pasado, resulta fácil pensar que continuará haciéndolo, aunque tengan una caída o dos en el camino. El éxito personal es a menudo padre del pecado.

Saúl, el primer rey de Israel, eliminó a todos los brujos y adivinos de la tierra de Israel con el propósito de llevar a cabo una reforma religiosa. Sin embargo, al enfrentarse él mismo a una desesperada necesidad de información tocante al peligro que corría su vida, recurrió a una adivina. Saúl pedía más de los otros que de sí mismo.

José pudo haber aplicado este principio de la "autoexención". Obviamente, Dios le había sonreído otorgándole el favor de Potifar: tenía una posición segura y su integridad era incuestionable. Nadie sospecharía acerca de aquella aventura; y si comenzara a difundirse algún rumor, podría acallarlo. Tenía toda una cadena de éxitos en su currículum para demostrar su rectitud. Además, él era quien organizaba su propia agenda, tomaba sus propias decisiones y daba órdenes a los otros sirvientes. Podía disponerlo todo para estar en la casa en el momento oportuno y mantener una agradable aventura sin que nadie lo supiera.

Era extraordinariamente apuesto

"Y era José de hermoso semblante y bella presencia" (Gn. 39:6). ¡José fue tentado, simplemente, porque resultaba tentador! La belleza física se requiere por lo general como requisito casi indispensable: aquellos que son atractivos tienen una aceptación inmediata y se hacen con muchos amigos. La otra cara de la moneda es la vulnerabilidad que conlleva el poseer dicho atractivo. Cuanto mayor sea la belleza física tanto más grande será la tentación. Un hombre que había cometido adulterio con varias mujeres comentaba: "Pero has de entender que atraigo a las mujeres, ¡ellas son normalmente las que dan el primer paso!". ¡Ah, la "maldición" de la belleza física!

Seguramente, la Sra. Potifar era hermosa; y aunque no podemos estar seguros de ello, tal vez su esposo la había estado descuidando sexualmente. Una mujer en esa situación interpreta la indiferencia de su marido como un ataque contra su propia belleza y feminidad, así que se siente tentada a restablecer su autoconfianza seduciendo a otro hombre.

Por tanto, es probable que su deseo por José no fuera solo sexual, sino que representase también una necesidad emocional. Así que abordó directamente al joven y le dijo: "Duerme conmigo". Y aunque José contestó que no, la mujer continuó esperando que algún día él desecharía sus mezquinos principios morales y supliría la necesidad sexual de ambos. Todo hombre tiene sus límites.

José también pudo haber justificado aquella relación sexual argumentando que estaba soltero, que no tenía ningún compromiso conyugal. Los adúlteros casados violan su promesa hacia otra persona, pero un soltero libertino no ha contraído ninguna obligación de ese tipo, ¿por qué no iba a disfrutar de su libertad?

La soledad de la vida de soltero lleva a menudo a las personas a buscar parejas sexuales. Los bares para solteros son solo un lugar entre muchos donde se establecen esos vínculos amorosos. Aunque el acto sexual no resulte particularmente agradable, es —como dijera en una ocasión cierto soltero— "el precio que hay que pagar para importarle algo a alguien".

Finalmente, José pudo haber razonado que si quería prosperar como administrador, sería mejor que agradara a la esposa de Potifar. Enfurecerla supondría arriesgar su posición. F. B. Meyer sugiere incluso que el razonamiento de algunas personas podría ser que, cediendo solo por un momento, tendrían la posibilidad de conseguir una influencia cuyos resultados serían más adelante beneficiosos: "Un solo acto de homenaje al diablo —dice Meyer— los investiría de poder, el cual podrían usar luego para destronar al enemigo". Después de todo, si José mantenía aquellas relaciones sexuales para conservar su empleo y ascender en la escala política y social de Egipto, ¿no le convertiría eso en un magnífico testigo para Jehová?

Pero a José no se le podía engatusar con esa tontería de que Dios necesita nuestra desobediencia para obtener resultados provechosos. ¡Una de las razones por las que el fin no justifica los medios es que Él puede cumplir sus propósitos sin recurrir a medidas pecaminosas! Nuestra responsabilidad es la obediencia; los resultados son cosa suya.

La respuesta de José

A José no le gustaban tales excusas, y le recordó explícitamente a la esposa de Potifar que su marido lo había puesto todo en sus manos excepto a ella. Obviamente, si cometía inmoralidad con la mujer de su amo, eso supondría una violación de la confianza implícita que este tenía puesta en él. Pero, luego, José añadió la verdadera razón por la que rechazaba sus avances: "¿Cómo, pues, haría yo este grande mal, y pecaría contra Dios?" (Gn. 39:9).

Hoy día, a menudo se nos dice que nos abstengamos de la inmoralidad por las consecuencias que muchas veces resultan de ella. Existe la posibilidad del embarazo, de la vergüenza que conlleva el ser descubierto, o del peligro que se corre de contraer alguna enfermedad de transmisión sexual. Con frecuencia, el temor al sida se utiliza como factor disuasorio.

Pero todos estos argumentos pueden rebatirse fácilmente. Los preservativos cumplen la función de prevenir el embarazo y algunas clases de enfermedad sexual. En cuanto a la vergüenza de ser descubiertos, la gente cree que si planea bien sus mentiras de antemano, nadie podrá demostrar que esa relación existe. José y la esposa de Potifar hubieran podido inventarse historias que fueran creíbles y coherentes, o hecho un pacto el uno con el otro previendo las posibles situaciones y las respuestas que debían dar.

La mente humana es capaz de justificar cualquier cosa que el corazón esté determinado a llevar a cabo. José pudo haberse convencido fácilmente de que tenía la inteligencia suficiente para manejar toda situación resultante de aquella relación. Después de todo, ya que la mujer era la agresora, habría protegido su relación con él y las acusaciones serían difíciles de probar. Y lo mejor de todo era que, como estaban solos, nadie se enteraría.

José tal vez pensase en el sentimiento de culpa que experimentaría si cometía inmoralidad con aquella mujer. Pero también podría haber razonado que Dios le concedería el perdón de ese pecado; después de todo, si Él no puede perdonar un pecado así, ¿dónde está su misericordia?

La cuestión es que todos los argumentos a favor de la santidad se desvanecen ante el tremendo poder de la tentación sexual. Cualquier adúltero o fornicario cree que podrá habérselas con las consecuencias que sean. Hay respuesta para todo.

¿Qué es lo que le permitió a José mantenerse firme en medio de la tentación? Su enfoque no fue el de *cómo aquel pecado le afectaría a él, sino la manera en que el mismo perjudicaría al Señor.* "¿Cómo, pues, haría yo este grande mal, y pecaría contra Dios?" (v. 9).

José poseía, primeramente, una idea correcta del pecado y, en segundo lugar, una idea correcta de Dios. ¡No se puede tener la una sin la otra!

En primer lugar, él había entendido que aquello constituiría un "grande mal". No lo llamó "aventura" o acto excusable de amor humano. Su pregunta no fue: "¿Cómo puedo suplir las necesidades de esta hermosa mujer sin tener problemas?". Llamó a la inmoralidad por su nombre.

La nuestra es una época de eufemismos, de lenguaje inofensivo y oblicuo. A los criminales se les llama delincuentes, las personas no mueren sino que expiran, y se habla de la corrupción como de algo inapropiado. Pero la Biblia se salta toda esa jerga y llama a la maldad por su nombre. La inmoralidad no es una "aventura", sino adulterio; la homosexualidad no es una "vida sexual alternativa", sino una abominación. Referirse al pecado por su nombre supone, generalmente, el primer paso hacia el verdadero arrepentimiento.

En segundo lugar, José sabía que el pecado entristece a Dios. Aunque no contaba con el Nuevo Testamento, comprendía que quien comete inmoralidad se halla "destituido de la gloria de Dios" (Ro. 3:23), y que ese acto dañaría gravemente su relación con el Todopoderoso a pesar de que las consecuencias parecieran controladas.

Supongamos que tu padre te dijera que no jugases a la pelota en el jardín. Como niño, podrías creerte capaz de evitar las consecuencias perniciosas susceptibles de ocurrir por causa de tu desobediencia. Si rompes una ventana, tienes dinero para repararla; si la pelota se va a la carretera, te aseguras de que nadie sea atropellado al ir a buscarla… las consecuencias se pueden controlar.

Un niño sensible sabe, sin embargo, que hay aún otro factor que no debe pasarse por alto: su padre ha establecido la norma de que no se juegue a la pelota en el jardín. Sean o no graves las consecuencias —incluso si no has hay en absoluto—, *todavía queda el hecho de que el niño habrá entristecido a su padre.*

Cuando David cometió adulterio con Betsabé, e hizo que matasen a Urías para encubrir su pecado, acabó arrepintiéndose de sus malvadas acciones. Y se lamentó diciendo: "Contra ti, contra ti solo he pecado, y he hecho lo malo delante de tus ojos; para que seas reconocido justo en tu palabra, y tenido por puro en tu juicio" (Sal. 51:4). Finalmente, David comprendió que había caído en pecado, no solo porque algunas personas hubieran sufrido daños —en el caso de muchas así había sido—, sino porque él mismo había desobedecido a Dios apartando, pasando por alto y menospreciando al supremo Legislador del universo.

José entendió, a una edad temprana, lo que David comprendería más tarde: que el pecado sexual es maligno aunque nadie en esta tierra se entere del mismo. Con él se ha ofendido a Dios. Aquellos que honran al Señor no querrán entristecerle; mientras que quienes atribuyen poco o ningún valor a quién es Él o a lo que dice, menospreciarán sus leyes. Cada decisión que tomamos de ceder a la tentación o huir de ella demuestra nuestro grado de agradecimiento y de amor a Dios. En el Nuevo Testamento, Juan lo explica de este modo: "Si alguno ama al mundo, el amor del Padre no está en él" (1 Jn. 2:15).

José podría haber pasado inadvertido para los ojos de los hombres, pero no era capaz de soportar el hecho de entristecer a Dios. Lo que hacía del adulterio un mal tan grande era el dolor enorme que le causaba a su amado Señor.

Aunque José se quedó sin su manto, sin embargo, retuvo su carácter; y si bien perdió su posición ante los hombres, la mantuvo delante de Dios. La respuesta era no, independientemente del precio que hubiese que pagar.

Pensamientos que cambian la vida

A fin de convertirse en el hombre que Dios iba a usar para dirigir una nación, José debía pasar por la prueba y demostrar su fidelidad. Este episodio con la esposa de Potifar fue un paso necesario más en su caminar espiritual.

Si José hubiera cedido a la tentación sexual, su sueño podría haberse roto en mil pedazos; aunque —como ya hemos dicho— Dios hubiese tenido algún otro sueño para él. El Señor necesitaba probar la fidelidad de José antes de poder exaltarle en Egipto y de que su familia se postrase delante de él.

He aquí algunas lecciones que podemos aprender de José acerca de cómo mantener vivo en nuestras vidas el sueño que Dios nos ha dado.

En primer lugar, no sacrifiquemos lo permanente sobre el altar de lo inmediato. Independientemente de cuán gratificante hubiera podido ser la experiencia sexual de José, el hecho es que habría supuesto una nube sobre su futuro. El pecado sexual promete como un dios pero paga como un demonio.

El deseo de intimidad sexual es tan fuerte que Salomón escribió: "Las muchas aguas no podrán apagar el amor, ni lo ahogarán los ríos. Si diese el hombre todos los bienes de su casa por este amor, de cierto lo menospreciarían" (Cnt. 8:7). Si semejante energía se canaliza debidamente, puede proporcionar gozo y contentamiento; pero si la usamos de manera incorrecta, causará estragos y destrucción.

En segundo lugar, deberíamos tener preparada una respuesta para la tentación. José no podía permitirse el lujo de olvidar lo que sabía acerca del pecado y de Dios. Las provocaciones diarias de la mujer no le debilitaron; y cuando ella le hizo su propuesta más atrevida, escapó. A veces no debemos enfrentarnos con la tentación, sino huir de ella sin dejar dirección alguna donde pueda localizarnos. Muchos padres, madres o personas solteras desoladas te dirán cuánto desearían haber huido de la tentación en vez de quedarse quietos e intentar resistirla.

Dag Hammarskjöld escribió lo siguiente: "No puedes jugar con el animal que hay dentro ti sin convertirte por entero en animal. Aquel que desea mantener limpio su jardín no dejará sitio para las malas hierbas". Todos estamos rodeados por un macizo de malas hierbas de pecado —la sociedad— que deja caer sus semillas en nuestro jardín, y hemos de tomar la decisión de arrancarlas de raíz o dejarlas crecer.

La lectura y memorización continua de las Escrituras es la mejor defensa contra la impureza: "En mi corazón he guardado tus dichos, para no pecar contra ti" (Sal. 119:11).

En tercer lugar, no debemos desanimarnos por los resultados mezclados de la obediencia. La esposa de Potifar se sentía humillada por el continuo rechazo de José, pero estaba convencida de que si se daban las circunstancias apropiadas este no tendría más remedio que rendirse a ella. Y cuando su osado avance fracasó, la mujer prefirió mentir antes que afrontar la derrota. En su vergüenza y deshonra, le acusó de intento de violación. La recompensa de la integridad de José fue, pues, la mazmorra: "Y tomó su amo a José, y lo puso en la cárcel, donde estaban los presos del rey, y estuvo allí en la cárcel" (Gn. 39:20). ¡Ese fue el premio a la fidelidad!

Los creyentes maduros saben que la recompensa de la obediencia puede quedar postergada. Cuando tomamos una decisión difícil a favor de Dios esperamos que se nos bendiga, recompense y anime. Pero no fue así con José, a quien arrojaron en la cárcel, acusado falsamente de intento de violación. No obstante, aquello también formaba parte del plan de Dios: José había demostrado fidelidad en su estado de exaltación, ¿sería igualmente fiel al verse cruelmente devaluado?

Él no tenía el beneficio de contar con el Nuevo Testamento, pero entendía la exhortación de Pedro: "Pues ¿qué gloria es, si pecando sois abofeteados, y lo soportáis?

Más si haciendo lo bueno sufrís, y lo soportáis, esto ciertamente es aprobado delante de Dios" (1 P. 2:20). Nuestro sufrimiento por haber hecho lo correcto es especialmente agradable a Dios.

En la cisterna, José había aprendido que tenía que *morir a su familia*, y en la cárcel comprendería que debía *morir a su reputación*. Desde Potifar hacia abajo todos creían que había intentado seducir a la esposa del funcionario real. Independientemente de lo terrible que fuera la acusación, la gente había creído esa historia, y José no podía hacer nada al respecto.

¿Compensa, entonces, el obedecer a Dios? No inmediatamente: Cristo obedeció y lo crucificaron; Pablo obedeció y lo apedrearon; José obedeció y lo encarcelaron… Pero, finalmente, su fidelidad se vería recompensada, pues el Todopoderoso nunca decepciona a quienes lo siguen. Cuanto mayor sea el costo de nuestra obediencia tanto más gloriosas serán la aprobación y la recompensa divinas.

José sabía que se nos está preparando para otro mundo. Que él recibiera o no ciertos beneficios aquí no era la cuestión. Independientemente de lo decepcionante que resultara su recompensa en la tierra, sería debidamente recompensado en la vida venidera.

En cuarto lugar, aunque José es un ejemplo convincente de cómo se debe resistir la tentación sexual, resulta importante destacar que hay sanidad y perdón para aquellos que no han podido escapar de esta seducción. Cuando Pablo escribe a la iglesia en Corinto —la cual estaba rodeada de inmoralidad—, les recuerda su pasado licencioso en cuanto a impurezas sexuales de todo tipo, tales como el adulterio, la homosexualidad o la fornicación. Pero, luego, añade: "Y esto erais algunos; mas ya habéis sido lavados, ya habéis sido santificados, ya habéis sido justificados en nombre del Señor Jesús, y por el Espíritu de nuestro Dios" (1 Co. 6:11).

¡Lavados! ¡Santificados! ¡Justificados!

Nuestro lavamiento lo efectúa la sangre de Cristo, quien se dio a sí mismo por nosotros para que nuestras conciencias quedaran limpias y se eliminase el poder de nuestros malos recuerdos. Esto sucede en la vida de los cristianos por medio de la confesión, que es el acto de admitir humildemente los pecados que hemos cometido.

Ser santificados significa que Dios nos hace santos; es decir, que Él nos aparta de las maldades de este mundo. Por supuesto, debemos vivir esta relación especial asegurándonos de romper cualquier asociación que nos lleve al pecado sexual (y a cualquier otro tipo de pecado).

Seguidamente, Pablo afirma que somos justificados; es decir, que Dios nos ha declarado justos y recibido en su familia. Esto nos libra del rechazo y la separación que padecíamos como pecadores. Se nos acepta en Cristo, con todos los derechos y privilegios que corresponden a nuestra condición de hijos e hijas de Dios.

Aunque muchas de las consecuencias del pecado sexual tal vez permanezcan, Dios puede eliminar el sentimiento de culpa y la autocondenación que el mismo conlleva; lo cual sucede cuando recibimos la salvación por la fe en Cristo y aceptamos esa limpieza que es el derecho de todo creyente.

Como hemos visto, José no tuvo que confesar ningún pecado sexual, ya que fue misericordiosamente eximido del dolor que este pecado le hubiera causado inevitablemente. Él nos ha enseñado cómo podemos soportar esas tentaciones concentrándonos en nuestra relación con Dios.

¡Benditos aquellos que tienen la idea correcta de Dios y del pecado! Tales personas son capaces de creer que *el Dios que les ha proporcionado su sueño los preservará cuando el mismo se ponga a prueba.*

CAPÍTULO 5

El sueño hecho añicos

Génesis 40

Una carta que recibió Ann Landers llevaba el siguiente encabezamiento: SUEÑO DE AMOR ARRUINADO POR UN PADRE CON BUENAS INTENCIONES.

La mujer escribía:

Durante la Segunda Guerra Mundial yo vivía en Los Ángeles. Era un lugar emocionante para residir. Miles de soldados, marineros y *marines* esperaban aquí para zarpar con rumbo al Pacífico Sur.

Yo tenía entonces 19 años, y "Bud" —mi amor en la escuela secundaria— se encontraba ya en ultramar. No éramos novios, pero nos escribíamos tres o cuatro veces por semana. Luego, cierta noche conocí a Ken Morrison, un apuesto *marine*, en el Hollywood Palladium. Fue algo mágico: bailamos durante horas y estuvimos hablando toda la noche. Ken era el hombre con el que siempre había soñado.

Pasamos juntos casi cada minuto de aquellas tres gloriosas semanas antes de que él zarpara.

Nunca olvidaré su sonrisa emocionada al prometerme que escribiría. Sabíamos que éramos el uno para el otro, y oramos a fin de que algún día aquello se hiciera realidad.

En aquel tiempo yo vivía con mi padre —mamá ya había muerto— y trabajaba como secretaria. Pasaron varias semanas y cada noche le preguntaba a papá: "¿Ha llegado alguna carta para mí?". Había montones de ellas escritas por Bud, pero ninguna de Ken.

Cada vez que leía acerca de alguna batalla terrible en la que participaban los *marines*, mi corazón desfallecía. Después de seis meses sin recibir noticias de Ken tuve la seguridad de que lo habían matado. Bud regresó luego a casa, en 1946, y nos casamos. Tuvimos tres hijos, y comprendí que había optado por una vida estable pero aburrida. Nunca dejé de entristecerme por Ken. Él había sido el verdadero amor de mi vida.

Cuando papá murió en 1958, fui a su casa para ordenar sus pertenencias. En el ático había un baúl antiguo, y al rebuscar entre sus papeles y artículos personales, me encontré con un montón de cartas dirigidas a mí. Había decenas de ellas atadas con tiras de cuero. Cuando descubrí que eran de Ken, sentí que se me partía el corazón. Entonces escuché las voces de mis hijos en la habitación contigua y supe que debía deshacerme de esas cartas sin abrirlas. Tuve que reunir todas mis fuerzas para ello, pero logré hacerlo.

Cuando mi hijo mayor contaba 18 años me

divorcié de Bud. Para entonces mi matrimonio se había vuelto tan estéril y sin vida que no podía soportarlo. Y en 1970 me volví a casar. Aquella fue una mala decisión, y nos divorciamos en 1985. Ahora ocupo mi vida con un trabajo de voluntariado en el hospital y unas pocas clases en el colegio universitario de la comunidad.

Me siento sola y muy triste cuando pienso en lo que podría haber sido mi vida. A menudo sueño despierta con Ken y espero que haya encontrado una chica maravillosa, esté felizmente casado y —como yo— tenga nietos a los que quiere con locura. Pero no puedo dejar de preguntarme si pensará alguna vez en mí (*Chicago Tribune*, 17 de septiembre de 1989).

¡Qué patético resulta un sueño como ese hecho añicos! Un sueño saboteado por un padre —probablemente bienintencionado— que arruinó la oportunidad de que su hija y aquel joven *marine* fueran felices. A ella no le queda nada salvo preguntarse cómo habría sido su vida si se hubiera casado con su verdadero amor: "¡Si tan solo…! ¡Si tan solo…!".

Hay sueños arruinados por todas partes: millones de ellos se han aparcado, redirigido o extinguido.

José también tenía sus sueños. En Canaán probablemente soñaba con convertirse en un criador de ovejas, plantar maíz y vivir cerca de sus seres queridos; pero sus envidiosos hermanastros destruyeron aquellos sueños vendiéndolo a los ismaelitas por veinte monedas de plata. Tales sueños se acabaron, nunca se cumplirían…

Pero el sueño de Dios para José era que algún día ocupase una posición de honor y su familia se postrase delante de él. Luego —como ya hemos visto—, la esposa de Potifar lo acusó falsamente de intento de violación, José fue echado en la cárcel y su sueño pareció alejarse más de su cumplimiento que nunca antes. Allí, en una celda maloliente de Egipto, el sueño de José murió.

¿O tal vez no? No sabemos lo que pensaría José. Siendo un hombre de fe, es posible que mantuviera vivo ese sueño en su corazón. En tal caso, no habría otro lugar donde el mismo sobreviviera, porque alrededor del joven solo podían verse señales inequívocas de depresión y muerte. La esposa de Potifar había llevado su sueño a un ignominioso final.

¿Por qué permitió Dios que José sufriera la incomprensión, la humillación y el maltrato en la cárcel? Había un propósito divino en todo ello, puesto que leemos lo siguiente acerca de él: "Afligieron sus pies con grillos; en cárcel fue puesta su persona. Hasta la hora que se cumplió su palabra, *el dicho de Jehová le probó*" (Sal. 105:18-19, cursivas añadidas).

¡Dios lo estaba *probando*! José había sido fiel en un palacio, ¿podría serlo también en una prisión? Había demostrado fidelidad cuando estaba exaltado, ¿pero lo seguiría haciendo al verse humillado? Sabía acumular honores, ¿sería capaz de aceptar el ser rebajado? Como F. B. Meyer dice acerca de este relato: "Debemos descender al valle sombrío para comprobar por nosotros mismos la fiabilidad de la vara y del cayado, cosas que quizá antes hayamos considerado superfluas o meros adornos" (*Joseph,* Grand Rapids: Zondervan, 1955, p. 53).

Habían pasado unos once años desde que José fuera arrojado a aquella cisterna en Dotán. Ahora lo echaron en una celda egipcia. Durante dos años sería maltratado, pero pasaría la prueba que Dios le había puesto. José logró la victoria en tres relaciones importantes, eligiendo, en el momento más bajo de su vida, andar por la senda más alta.

Su relación con Dios

Durante sus días en la casa de Potifar, leemos que "Jehová estaba con José" (Gn. 39:2). Es fácil entenderlo, ya que para José aquella fue una época de recibir honores, días de ascenso y dignidad. Ciertamente reconocemos que Dios está con nosotros cuando somos bendecidos, cuando todo nos sale bien.

Pero ahora José tenía que afrontar una falsa acusación y sufrir a consecuencia de ella. Sin embargo, resulta interesante constatar que aquí vuelve a aparecer la misma frase: "Pero Jehová estaba con José y le extendió su misericordia, y le dio gracia en los ojos del jefe de la cárcel" (v. 21). La injusticia de que había sido objeto no escapó a la atención de Dios: sus circunstancias había cambiado drásticamente para peor, pero la presencia del Señor continuó siendo la misma.

Quizá la fría celda de la cárcel le resultara incluso más fácil de soportar que el saber que su reputación había quedado arruinada. Darnos cuenta de que nuestros amigos creen una mentira acerca de nosotros resulta, sin duda, doloroso. El deseo de justificarnos es tan abrumador que podemos fácilmente dejarnos dominar por el odio y el deseo de venganza. Sin embargo, para José, aquello simplemente formaba parte de la prueba de Dios.

Ya sea en una celda o en un palacio, Dios no nos abandona. El Todopoderoso no había dejado a José cuando este cruzó la frontera con Egipto, y ahora estaba con él mientras atravesaba el umbral de aquella prisión. Dios se encuentra a nuestro lado tanto en nuestras degradaciones como en nuestras promociones; nos acompaña en el éxito y en la adversidad. Aunque le percibimos más claramente en nuestros logros que en nuestros reveses, no obstante, Él está con nosotros siempre.

Solo el pecado puede robarnos la presencia de Dios, no los barrotes de alguna celda. Como dijera David: "¿A dónde me iré de tu Espíritu? ¿Y a dónde huiré de tu presencia? Si subiere a los cielos, allí estás tú; y si en el Seol hiciere mi estrado, he aquí, allí tú estás. Si tomare las alas del alba y habitare en el extremo del mar, aun allí me guiará tu mano, y me asirá tu diestra" (Sal. 139:7-10). Como Dios es omnipresente, Él acompaña a su pueblo en todo lugar.

Tenemos la tentación de pensar que su presencia está con nosotros cuando todo nos va bien y que Él nos ha dejado si las cosas andan mal. Pero el texto bíblico nos asegura que Dios está siempre ahí.

Cuando el autor del libro de Hebreos quiso liberar a sus lectores de la carga de las preocupaciones económicas, apeló a la presencia de Dios: "Sean vuestras costumbres sin avaricia, contentos con lo que tenéis ahora; porque él dijo: No te desampararé, ni te dejaré; de manera que podemos decir confiadamente: El Señor es mi ayudador; no temeré lo que me pueda hacer el hombre" (He. 13:5-6).

Cada dificultad constituye una prueba de nuestra fe en la presencia y el cuidado providencial de Dios. Cuando tenemos éxito, la prueba está en si vamos a atribuirnos nosotros el mérito o a darle a Dios toda la gloria. Por otra parte, si experimentamos el fracaso, se nos está probando para ver si creemos que Dios tiene la última palabra incluso en la adversidad.

José fue un modélico administrador, pero también un preso modelo. En la mansión de Potifar o en la cárcel, tuvo la compañía de Dios, lo cual le hizo mucho más fácil la transición del palacio a la celda.

Su relación con las circunstancias

José no permitió que su actitud fuese controlada por lo que le rodeaba. Allí en la cárcel trabajó con distinción y optimismo. Se mantuvo positivo cuando su entorno no lo era en absoluto.

¿Cómo te imaginas aquella prisión? Los historiadores nos dicen que Egipto no era exactamente un bastión de reforma carcelaria. Los prisioneros recibían un trato duro y tenían solo lo justo para sobrevivir. Como dice el salmista: "Afligieron sus pies con grillos; en cárcel fue puesta su persona" (Sal. 105:18). A José lo encadenaron y maltrataron.

Aunque estaba en la cárcel, José retenía la autoridad sobre su propio corazón. Sabía que nadie puede enojarnos, hacernos malévolos o desanimarnos, y que las circunstancias no cuentan con tal poder si no se lo otorgamos nosotros. Por lo menos, él respondió con aceptación en vez de con resentimiento. Si Dios había tenido un plan para sacarle de aquella cisterna en Dotán, quizá también lo tuviera para liberarle de esa cárcel egipcia.

Así como Potifar había detectado tanto integridad como discernimiento en José, el carcelero principal también lo hizo y comenzó a darle al joven más libertad y autoridad. Puesto que José había ejercido control sobre su propio corazón, pronto recibió potestad sobre los presos; y después que el copero y el panadero fueran encarcelados, leemos: "Y el capitán de la guardia encargó de ellos a José, y él les servía; y estuvieron días en la prisión" (Gn. 40:4).

Bob Weiland, que había perdido sus dos piernas al pisar una mina en Vietnam, finalmente se entrenó para practicar el levantamiento de pesas. Ganó cuatro veces la competición nacional de press de banca, pero sus victorias generaron cierta controversia ¡porque las reglas requerían que todos los participantes llevaran calzado! Tras haber logrado cuatro victorias, Bob recibió la llamada telefónica de uno de los jueces, y pensó que, sin lugar a dudas, se le daría la noticia de que habían decidido cambiar las reglas para que pudiera reconocérsele legalmente como vencedor. Pero no fue así: la decisión había sido descalificarle de por vida por no poder llevar calzado. En lugar de amargarse por semejante maltrato, Bob respondió: "Me den o no me den ustedes el premio, eso no es lo que más me importa: *¡Lo divertido ha sido la experiencia!*".

Las circunstancias no pueden encarcelar al espíritu humano. No se trata de si ganamos o perdemos, sino de nuestra manera de jugar. Algunas personas viven en un palacio pero tienen el corazón prisionero; otras, en cambio, están en la cárcel y, no obstante, su corazón reside en un palacio.

¡La presencia de Dios marca la diferencia!

Su relación con los demás

Como hemos señalado, Dios finalmente mandó a otros presos a la misma cárcel que José. Estaban pasando prácticamente por el mismo trance que él por haber enojado al faraón. Ahora, José tenía algunos amigos a los que podía ayudar.

No sabemos lo que habrían hecho el copero y el panadero para merecer una estancia en la cárcel, pero evidentemente habían encendido la ira del faraón. Ambos ocupaban posiciones elevadas: el copero probaba el vino, para asegurarse de que no contenía veneno y el rey podía beberlo; el panadero mayor, por su parte, tenía a su cargo todas las comidas. Quizá los habían sorprendido utilizando sus cargos para lucrarse injustamente. Sea como fuere, estaban presos por sus delitos.

José los tenía ahora bajo su cuidado, y una mañana observó que ambos parecían deprimidos. Así que les preguntó: "¿Por qué parecen hoy mal vuestros semblantes?" (Gn. 40:7). A raíz de ello entablaron una conversación acerca de lo que habían soñado aquella noche, y José les aseguró que solo Dios es capaz de interpretar los sueños. Si ellos le daban los detalles, él buscaría la sabiduría divina para descifrarlos.

Observa que José tuvo la sensibilidad de reparar en su estado de ánimo. Era capaz de discernir la disposición interna de los que le rodeaban: podía llorar con los que lloran y reír con los que ríen. Cuando nos encontramos en alguna prueba, Dios a menudo nos envía a alguien que está incluso en una situación peor que la nuestra, y, al animarlo, también nosotros recibimos bendición.

José escuchó atentamente los sueños de ambos. El copero contó el suyo: "Yo soñaba que veía una vid delante de mí, y en la vid tres sarmientos; y ella como que brotaba, y arrojaba su flor, viniendo a madurar sus racimos de uvas" (vv. 9-10). En su sueño, el hombre exprimía las uvas en la copa del faraón y la ponía en sus manos.

La interpretación de José fue que los tres sarmientos representaban tres días. Después de tres días, el faraón restauraría al copero a su antigua posición. Buenas noticias, por tanto, para él.

En cuanto al panadero, ahora le tocó a él contar a

José los detalles de su propio sueño: "También yo soñé que veía tres canastillos blancos sobre mi cabeza. En el canastillo más alto había de toda clase de manjares de pastelería para Faraón; y las aves las comían del canastillo de sobre mi cabeza" (vv. 16-17).

José interpretó entonces que los tres canastillos eran tres días, y predijo que al tercer día Faraón mandaría ahorcarle en un árbol y los pájaros comerían su carne. ¡Así que malas noticias para el panadero!

Antes de que los dos hombres se fueran, José le hizo una última petición al copero: le pidió que, cuando recuperase su posición original, hablara bien de él al faraón. Le explicó que lo habían acusado falsamente y merecía ser liberado. Quizá la palabra del copero sirviera para algo.

Resulta interesante que los sueños se cumplieran exactamente como José había pronosticado. El saber que aún poseía su capacidad para interpretar sueños debió de infundirle ánimo. Quizá Dios usase aquella experiencia para recordarle que su propio sueño tan solo estaba guardado en el archivo del Señor y que no lo habían arrojado a la basura del cielo. Dios aún se ocupaba de cumplir sueños.

En sentido figurado, José tuvo que padecer tres muertes. En la cisterna de Dotán, hubo de *morir a su familia*, aprendiendo la dolorosa lección de que no podía depender de la ayuda de ella para el cumplimiento de sus sueños. En la casa de Potifar le fue necesario *morir a su reputación*, porque se encontró indefenso ante la calumnia que se había extendido por el palacio. Y ahora, en la cárcel, Dios quería enseñarle que debía *morir a sus amigos,* puesto que alguien a quien él había ayudado no le devolvió el favor. Como suele ocurrir con la naturaleza humana, leemos que "el jefe de los coperos no se acordó de José, sino que le olvidó" (v. 23).

De modo que José aprendió la lección de que, quienes ponen su fe en otras personas, a menudo acaban decepcionados: "Así ha dicho Jehová: Maldito el varón que confía en el hombre, y pone carne por su brazo, y su corazón se aparta de Jehová" (Jer. 17:5).

Nuevamente José tenía que esperar. Nadie estaba dispuesto a defender su causa, ni siquiera a hablar bien de él. No había luz al otro lado de aquel deprimente túnel.

A diferencia de lo que sucedió con el copero, a Cristo podemos confiarle todas nuestras peticiones. "Acuérdate de mí cuando vengas en tu reino", le dijo en sus últimos momentos de agonía el ladrón que moría junto a Él en la cruz. Y Cristo le respondió: "De cierto te digo que hoy estarás conmigo en el paraíso" (Lc. 23:42-43). Los coperos se olvidan, pero Cristo recuerda.

Dios quería demostrar a José que no necesitaba la fidelidad de un copero para que su sueño se cumpliera, ni tenía que organizar campaña alguna para limpiar su reputación. Dios mismo se encargaría de hacerlo.

José estaba aprendiendo otra valiosa lección: *Dios nos proporciona tantos sueños nuevos como nuevas circunstancias se nos presentan.* José estaba en la cárcel, y el Señor le dio el sueño apropiado para que aprovechase al máximo su situación, sirviendo a otros en ella. Cualquier lugar o circunstancia puede manifestar la huella de Dios, el cual es capaz de remodelar nuestros sueños si aceptamos la realidad en que nos encontramos.

Quizá a algún lector de este libro le parezca que se ha quedado sin sueños. Ya sea por causa del pecado, la enfermedad o una ruptura familiar, todos esos sueños —incluso los más pequeños— se han hecho añicos. Recordemos que, en tales circunstancias, debemos cambiar nuestros sueños del *hacer* al *ser*. Siempre quedará algún sueño que cumplir. Esquilo escribió: "Sé bien que los hombres en el exilio se alimentan de sueños"; y yo te invito hoy a que "te alimentes de un sueño".

Fanny Crosby no nació ciega. A las seis semanas de su nacimiento se le inflamaron los ojos, y un extraño recomendó que le aplicaran cierto producto químico. Dicho producto le quemó los ojos y la dejó sin vista; sin embargo, ella tuvo fe para creer que aquella desgracia respondía a algún propósito, y Dios obró en su corazón dándole contentamiento y paz. Aunque nunca hubiera escrito una canción, Fanny habría tenido éxito como testigo del poder de Dios ante los ángeles y los demonios; porque quienes sufren de manera victoriosa en el anonimato son particularmente especiales para el Señor.

En vez de lamentar su suerte, vio con sus ojos espirituales que incluso aquella tragedia llevaba la marca de la providencia divina. Ninguna limitación externa pudo apagar el espíritu que Fanny tenía dentro. A los nueve años de edad escribió:

> ¡Oh, qué persona tan feliz soy!
> Aunque no pueda ver,
> estoy decidida a que, en este mundo,
> estaré contenta
> con las bendiciones que tengo
> y que otros no poseen.
> Llorar y suspirar porque soy ciega,
> ni puedo ni quiero hacerlo.

Los que aceptan las tragedias de la vida dan un

testimonio elocuente de la fidelidad de Dios. Aquellos que han visto sus sueños destruidos por otros, aún pueden creer que Dios tiene sueños especiales que comunicarles: lo que es imposible curar, se puede soportar con fidelidad.

¿Y qué hay de la mujer que escribió aquella carta a Ann Landers y terminó casándose con un hombre a quien nunca llegó verdaderamente a amar? Ese matrimonio podría haber tenido sus propios sueños si ella se lo hubiera entregado a Dios.

Reflexiona sobre esto: ¿Cómo sabe esa mujer que hubiera sido feliz con Ken, su verdadero amor? Piensa en los millones de parejas que se han dejado llevar por la euforia romántica, y se han casado abrigando las más altas expectativas, solo para acabar sufriendo una gran desilusión.

Se cuenta de un hombre que estaba de visita en la planta de psiquiatría de una institución mental. El director caminaba por el pasillo juntamente con él, cuando se toparon con un hombre que se golpeaba la cabeza contra la pared de su celda: "Linda —repetía una y otra vez—, ¡cómo pudiste hacerlo… cómo pudiste hacerlo!".

El director le explicó a su acompañante que aquel hombre había estado enamorado de la tal Linda, y que ella lo había dejado plantado. El golpe emocional fue demasiado grande para él y el individuo perdió la cabeza.

Luego siguieron andando y vieron a otro hombre que también se daba cabezazos contra la pared, gritando: "Linda, ¡cómo pudiste hacerlo… cómo pudiste hacerlo!".

—¿Y quién es este otro? —preguntó el visitante.

—Ah —le respondió el director—, ¡ese es el hombre que se casó con Linda!

Ciertamente, la mujer de la carta no sabe si quizá Ken

le hubiera sido infiel en el matrimonio, o si se hubiese vuelto iracundo e insensible a las necesidades de su esposa… ¡eso podría haber ocurrido!

Además, ¿qué si Dios quiere demostrar que Él es capaz de hacer que una mujer esté satisfecha con un matrimonio aburrido y difícil de llevar? ¿Qué pasaría si Él desease probar simplemente que la mejor forma de encontrar la felicidad es buscándola en Él y no en nuestro cónyuge?

Bienaventurada es la persona que cree que *la providencia divina es lo suficientemente grande como para abarcar todas las contingencias de la vida (los "¡si tan solo…!")*. Es cierto que las cosas podrían haber sido distintas, que nos gustaría tener la posibilidad de revivir el pasado… pero, hoy día, la única pregunta sensata es: ¿Qué sueño tiene Dios para mí en la actualidad?

Algunos sueños se cumplen a corto plazo, otros son objetivos más distantes que esperamos lograr en un futuro previsible, otros aún representan nuestra máxima prioridad; pero todos ellos están dentro del ámbito de la guía y el cuidado de nuestro Padre celestial.

En la cárcel, José no tenía más alternativa que entregarle todos sus sueños a Dios. Su futuro estaba fuera del alcance de cualquier maniobra o influencia humana. Solo Dios era capaz de hacerlo realidad ahora. Lo único que José podía percibir era una serie de sueños menores y más inmediatos que demandaban su atención.

Algunos de nuestros sueños quizá se hayan perdido para siempre debido a nuestra rebeldía o al fracaso de otras personas; otros, tal vez sean nuevos y hayan entrado en escena a consecuencia de los reveses imprevistos de la vida. Los hay también que, posiblemente, solo se cumplirán en parte; aunque quizá la realización de nuestro sueño más querido esté justamente a la vuelta de la esquina. Sea como fuere, debemos entregárselos todos a Cristo, porque sus manos pueden restaurar incluso aquellos sueños que se han roto.

Capítulo 6

El sueño revive

Génesis 41

Algunos de nuestros sueños podemos cumplirlos nosotros mismos; otros se pueden hacer realidad con la cooperación de nuestros amigos; pero están aquellos que solo Dios puede cumplir.

José se encontraba en la cárcel sin ninguna esperanza a la vista. Si su sueño había muerto o no en su corazón, nunca lo sabremos. Lo que sí sabemos es que no tenía control en absoluto sobre su futuro. Estaba en las manos de Dios; y aunque el Todopoderoso iba a usar a otros para el cumplimiento de aquel sueño, la manera en que esto sucedería dependía única y exclusivamente del Señor.

A nosotros nos resulta difícil reconocer a Dios en la noche oscura de nuestras experiencias dolorosas. Cuando la injusticia y la tragedia nos echan encima sus pesadas cargas, comenzamos a plantearnos si podemos o no confiar en Él. Resulta demoledor ver que nuestros sueños estallan como una pompa de jabón ante nuestros ojos.

Luego, cierto día, Dios permite que un rayo de luz

penetre en nuestras vidas. Cuanto más inesperado sea ese haz luminoso, tanto más ánimo derramará sobre nuestra alma. Entonces, por primera vez, tenemos una razón para abrigar esperanza. Algún antiguo sueño renace o, posiblemente, Dios pone un nuevo sueño en su lugar.

Cuando José se despertó aquella mañana sombría, esperando pasar otro día gris en una celda egipcia, no tenía ni idea de que al anochecer el sol comenzaría a brillar. Un Dios omnipotente había planeado cierta sorpresa para su siervo. El sueño comenzaría ahora a tomar forma: el Todopoderoso no se había olvidado de José.

Obviamente, los hermanos de este nunca se postrarían ante ningún preso, ni delante de un siervo común y corriente. Para que José fuese honrado, su posición en la vida tenía que cambiar; y aquella mañana, no solo salió de la cárcel, sino que también dio una zancada de gigante hasta lo más alto del sistema político egipcio.

Para conseguir esto, Dios usó una cadena providencial de acontecimientos. Varios cabos de experiencia humana se conectaron ahora de tal forma que las piezas del sueño de José comenzaron a encajar.

Faraón tuvo un sueño

Dos años después de que su copero saliera de la cárcel y se olvidara de José, el faraón mismo tuvo un sueño. Estaba de pie junto al Nilo, cuando siete vacas gordas salieron del agua y se apacentaron de verdes pastos. Después, siete vacas feas y delgadas salieron tras ellas e, increíblemente, engulleron a las siete vacas gordas. Cabría esperar que dichas vacas engordaran con su suculenta comida, pero seguían estando igual de flacas (Gn. 41:1-4).

Después de aquello, el faraón tuvo un segundo sueño

muy parecido al primero: siete espigas menudas y abatidas devoraban a siete espigas buenas y llenas; sin embargo, la condición de las espigas menudas no cambió (vv. 5-7).

Faraón se quedó muy preocupado, y a la mañana siguiente convocó sin tardanza una reunión con sus consejeros. Los magos y sabios recibieron la orden de interpretar dichos sueños, pero estaban perplejos. ¿Cuál podría ser su significado?

A menudo, los adivinos se inventan interpretaciones simplemente para proteger su reputación. Pero, por alguna razón, y para su prestigio eterno, los hombres del faraón decidieron admitir su ignorancia. Todas las explicaciones posibles llevaban a un callejón sin salida.

Aquello despertó la memoria del copero; quien se acordó entonces de que, estando en la cárcel, había conocido a un joven hebreo que interpretó de manera precisa tanto su sueño como el del panadero: José era la única esperanza que tenían.

Así que lo sacaron de la cárcel y —una vez que se hubo afeitado y cambiado de ropa— se le llevó ante Faraón. José debió de sonreír para sí cuando le dijeron por qué necesitaban de su experiencia. ¡Ciertamente, él era un especialista en sueños!

Después de repasar los detalles de las ensoñaciones del faraón, José las interpretó de inmediato. El mensaje de ambas era uno solo: habría siete años de abundancia seguidos de siete años de hambruna. Las siete vacas gordas eran siete años, y las siete espigas buenas siete años también. Después de esos siete años de abundancia vendrían otros siete de sequía. Luego, José añadió: "Esto es lo que respondo a Faraón. Lo que Dios va a hacer, lo ha mostrado a Faraón" (v. 28).

Y ¿por qué había recibido el faraón dos sueños con el mismo mensaje? "Y el suceder el sueño a Faraón dos veces —siguió diciendo José—, significa que la cosa es firme de parte de Dios, y que Dios se apresura a hacerla. Por tanto, provéase ahora Faraón de un varón prudente y sabio, y póngalo sobre la tierra de Egipto" (vv. 32-33). El asunto era seguro; no cabía otro significado. De modo que José se convirtió nuevamente en el intérprete del sueño de otra persona.

La sabiduría dictaba que se almacenara grano durante los años buenos a fin de tener reservas para los malos años que seguirían. Se necesitaba un sistema bien organizado para todo el país, con el objeto de hacer acopio de grano durante los años de abundancia. Luego, José aclaró lo siguiente: "Y esté aquella provisión en depósito para el país, para los siete años de hambre que habrá en la tierra de Egipto; y el país no perecerá de hambre" (v. 36).

Aquel gobernante pagano había recibido un sueño de parte de Dios, y José —que tenía su propio sueño— se lo interpretó con la sabiduría que Dios le había dado. ¡Una "coincidencia" planificada por el Señor!

¿Y cuál fue el segundo eslabón en esa cadena de acontecimientos?

José ayudó al faraón a cumplir su sueño

Los acontecimientos de ese día se sucedieron tan rápidamente que necesitamos parar y recuperar el aliento. José no sugirió que lo nombraran ministro de agricultura de Egipto, ni tampoco dio a entender que él podría ser un buen candidato para ese puesto. Fue el faraón, entre todos los presentes, quien dio la orden de que se le encomendara a él llevar a cabo aquel gigantesco proyecto organizativo.

El rey hizo a sus siervos la siguiente pregunta retórica: "¿Acaso hallaremos a otro hombre como éste, en quien esté el espíritu de Dios?" (Gn. 41:38). ¡La respuesta, obviamente, era "no"! Probablemente Faraón no estaría pensando en el Espíritu de Dios tal como nosotros lo concebimos, ya que su religión era pagana. Quizá se refiriera al principal dios egipcio, o tal vez pensase en el Dios de José como en una divinidad entre muchas otras. No obstante, había comprendido que si alguien conocía a Dios —o a los dioses— ese era José. Por tanto, se dirigió a él y le dijo: "Pues que Dios te ha hecho saber todo esto, no hay entendido ni sabio como tú. Tú estarás sobre mi casa, y por tu palabra se gobernará todo mi pueblo; solamente en el trono seré yo mayor que tú… He aquí yo te he puesto sobre toda la tierra de Egipto" (vv. 39-41).

¡Imagínate entregarle todo ese poder a alguien que no era egipcio! Por un golpe de la providencia divina, José es ascendido a segundo mandatario del país. Solo unos momentos antes estaba en una mazmorra con las manos encadenadas; sin embargo, ahora, recibe el anillo que lleva el sello del faraón, sustituyen su atuendo de presidiario por unas vestiduras de lino fino, y le ponen un collar de oro alrededor del cuello. Se le cambia el nombre de José por el apelativo egipcio de Zafnat-panea, e incluso se le da por esposa a una mujer egipcia llamada Asenat (vv. 42-45).

Y por si eso fuera poco, José recibe también el reconocimiento público. Viaja en el segundo carro y, mientras desfila por las calles, una avanzadilla de hombres anda entre las multitudes gritando: "¡Doblad la rodilla! ¡Doblad la rodilla!" (vv. 42-43). Y a todo esto José tiene solamente treinta años.

Probablemente, nunca antes en la historia había

ascendido nadie desde una posición tan baja hasta un puesto de honor tan alto en un solo día. Cuando se despertó en su celda aquella mañana, José no podía imaginarse que pasaría la noche en las estancias del rey: seguramente debió de preguntarse si no estaría teniendo otro sueño.

Pero no debemos pasar por alto la ironía…

Piensa que José era ahora la mano derecha del faraón, ¡el hombre a quien rendía cuentas Potifar! Para expresarlo con mayor claridad: el antiguo jefe de José, que lo había encarcelado bajo falsas acusaciones, ahora se encontraba por debajo de él en la jerarquía de Egipto (si los directivos egipcios hubieran pensado en términos de un escalafón corporativo, podrían haber dicho que José se había saltado varios niveles del mismo y, probablemente, haberlo criticado por no respetar las normas de la compañía).

Sin embargo, en el relato no hay ningún indicio de que José usara su nueva posición para tomarse la revancha del jefe de seguridad. Dada su drástica exaltación, podría haber empleado la influencia que ahora tenía para poner a Potifar y a su esposa en su sitio. Aquel hubiera sido el momento oportuno para limpiar su reputación a costa de ellos.

Pero José comprendía que la venganza no es nuestra. Los que pueden ver la providencia de Dios en cualquier acontecimiento defienden de inmediato a los que son maltratados, pero son lentos para defenderse a sí mismos.

De modo que José recibió el encargo de administrar el sueño del faraón. Quizá se preguntaría por qué Dios le había encomendado cumplir el sueño de otro mientras su propio sueño se posponía indefinidamente. Pero José no lamentó su suerte: había un trabajo que hacer y aceptaba esa nueva tarea como de parte de Dios.

¿Y de qué manera se comportó?

En primer lugar, demostró humildad. Ciertamente, las primeras palabras que salieron de su boca cuando lo sacaron de la celda fueron para atribuir a Dios toda la gloria por la habilidad que él tenía para interpretar los sueños: "No está en mí; Dios será el que dé respuesta propicia a Faraón" (v. 16). La tentación del orgullo debió de ser muy fuerte, porque una persona capaz de interpretar los sueños ejerce autoridad sobre otra gente. Piensa en lo que supondría ser la única persona conectada directamente con la mente de Dios en estos asuntos.

En segundo lugar, José actuó con integridad: siete años después, cuando se acabaron los años de abundancia y llegó la hambruna, Faraón conservaba una confianza absoluta en su fiel ayudante.

Bajo la mano providencial de Dios, Faraón tuvo un sueño, y sacaron a José de la cárcel para que lo interpretara. Pero hubo aún un tercer eslabón en esta cadena de la providencia divina.

Dos sueños convergen en el propósito de Dios

El sueño, que tenía ya más de trece años de antigüedad, empezaba a tomar forma. Dios estaba preparando el escenario para el drama que finalmente se representaría. El sueño de Faraón y el sueño de José iban a estar interrelacionados.

En primer lugar, *Dios comenzó por movilizar la economía de todo un país.* Empezó dirigiendo las pautas meteorológicas según sus propósitos. Cayó lluvia en abundancia a lo largo y ancho del Oriente Medio; y mientras muchos países estaban malgastando sus abundantes cosechas, Egipto hacía su acopio para la hambruna que iba a producirse en breve.

Aunque no conocemos los detalles, podemos imaginarnos las enormes cubas de grano esparcidas por el paisaje, o quizá se guardara el grano en montones al aire libre. Simplemente leemos: "Recogió José trigo como arena del mar, mucho en extremo, hasta no poderse contar, porque no tenía número" (Gn. 41:49).

Tras siete años de abundancia llegó la sequía a aquella zona, y la hambruna comenzó a hacer mella en la economía de la región. Las personas se sentían atemorizadas viendo menguar sus propios recursos. Los padres afrontaban la cruda realidad de la pobreza, y el ganado en los campos se moría de hambre contemplando los pastos convertirse en desiertos.

¿Por qué todo ese sufrimiento humano? Porque Dios había hecho una predicción a Abraham la cual se tenía que cumplir: "Ten por cierto que tu descendencia morará en tierra ajena, y será esclava allí, y será oprimida cuatrocientos años. Mas también a la nación a la cual servirán, juzgaré yo; y después de esto saldrán con gran riqueza" (Gn. 15:13-14).

Los hijos de Jacob tenían que establecerse en Egipto para que se cumpliera esta profecía; y Dios iba a usar la hambruna con el propósito de que la tribu saliera de su cómoda tierra de Canaán a buscar el grano en Egipto.

Miles de personas se vieron severamente afectadas a medida que el sol agrietaba la tierra año tras año. No obstante, ninguno de aquellos individuos tenía idea de la verdadera razón de la hambruna. Escondido en el consejo secreto de Dios había un plan que debía llevarse a cabo. Las profecías se tenían que cumplir, y un sueño tenía que hacerse realidad.

Así que, mientras países enteros languidecían en la

pobreza, Dios estaba preparando a José para ser el eslabón que uniera a la familia de Jacob con la tierra de Egipto. Había superado la prueba de la soledad, la tentación sexual, la incomprensión y el rechazo; había muerto a todo, excepto a Dios.

En segundo lugar, *José estaba aprendiendo que Dios puede darnos sueños incluso en medio de unas circunstancias injustas.* O como ya se dijo previamente, la mano providencial de Dios es lo suficientemente grande para abarcar todas las eventualidades de la vida.

Piensa en las implicaciones del matrimonio de José. Faraón le dio a este una esposa: Asenat, hija de un sacerdote pagano (Gn. 41:45). Obviamente, podemos suponer que aquella mujer se habría educado en el paganismo, la religión del antiguo Egipto.

Lo que es más, José no la eligió a ella, sino que la recibió de Faraón, un rey pagano que pensaba que la segunda persona más poderosa de Egipto merecía formar parte de la familia de un reconocido sacerdote. Considera, pues, lo siguiente: José no tuvo la oportunidad de orar al respecto; tampoco pudo darse el lujo de elegir una mujer de su propio pueblo. Técnicamente, estaba en la tierra equivocada, en el "país de su aflicción". Mucho menos contó con tiempo suficiente para enamorarse de Asenat; simplemente, obedeció a Faraón y la tomó por esposa.

José podía haber razonado que Asenat obviamente no era la voluntad de Dios para él; ya que, estrictamente hablando, él no debería haber estado en Egipto. Solo se encontraba allí debido al crimen perpetrado por sus hermanos; a los cuales, sin duda alguna, no les preocupaba la voluntad divina. Sin embargo, aun así, se casó con una mujer que le dio hijos, los cuales se convertirían en líderes de las tribus de Israel. En aquella tierra de aflicción, ¡Dios tenía una esposa para José! La providencia divina tomó en cuenta todas las eventualidades, porque incluso las crueles injusticias de la vida sirven a su bendito propósito.

Por favor, no interpretes lo que estoy diciendo como que no importa con quién nos casemos. Millones de personas —ciertamente también cristianas— viven hoy angustiadas porque contrajeron matrimonio sin consultar al Señor. La Biblia enseña claramente que tenemos que casarnos solo con una persona creyente que tenga las cualidades espirituales que agradan a Dios. La soltería, como muchos han descubierto, es infinitamente mejor que un matrimonio desdichado. Como dice el proverbio, mucho más vale querer algo que no se tiene que tener algo que no se quiere.

Lo que deseo recalcar es que la providencia de Dios es suficientemente grande como para tener en cuenta nuestras raíces familiares, nuestras aptitudes y las circunstancias que se nos presentan en el camino. Los jóvenes a veces se angustian, pensando que nunca podrán encontrar la pareja idónea si asisten a la universidad "equivocada", o a la iglesia "equivocada".

Algunos creen que cuando llegamos a una encrucijada en nuestro camino, debemos tomar la decisión correcta —como asistir a la escuela o la iglesia apropiada— porque, de lo contrario, todas las demás decisiones a partir de entonces (como encontrar la pareja adecuada, por ejemplo) tampoco serán acertadas. En otras palabras, tales cristianos no entienden que la guía de Dios tiene en cuenta todas nuestras decisiones —sean buenas o malas—, y que Él nunca se queda sin opciones mientras nos guía por los enrevesados senderos de la vida.

Aunque todos deberíamos hacer cuanto esté en nuestra mano para impedir un matrimonio imprudente (cierto jueves frené una boda que se iba a celebrar el sábado siguiente, y la novia aún sigue muy agradecida), cuando se produce la unión, Dios puede actuar sobre esa decisión para establecer un nuevo conjunto de planes y propósitos. De ese matrimonio quizá surjan hijos que vayan a servir al Señor con bendición y fidelidad. Dios puede utilizar el conflicto dentro del matrimonio para acercar más a Él a uno o ambos cónyuges. Recuerda: aunque nuestros sueños se hayan desvanecido mucho tiempo atrás, Dios todavía tiene un sueño —quizá uno nuevo— para nosotros. Nunca es demasiado tarde para hacer lo correcto.

Volviendo a José, podemos suponer que su esposa llegó a creer en el Señor mediante el fiel testimonio de su marido. El hecho de que José pusiera a sus hijos nombres hebreos y no egipcios es razón suficiente para pensar que la religión de Jehová gozó de gran estima en su hogar. Solo podemos conjeturar que Asenat llegó a confiar en el Dios de su esposo.

Dios nunca se queda sin recursos frente al pecado. Empezando por Adán, el Todopoderoso ha dado siempre muestras de que puede actuar *en, por medio de* y *a pesar de* las decisiones contumaces que toman los hombres. ¡Incluso tiene planes para aquellos que han elegido el camino equivocado y han terminado en un barrizal!

En tercer lugar, *Dios estaba sanando el corazón herido de José*. La canción había comenzado a volver a su alma. Sabemos que empezaba a dejar atrás su dolor por los nombres que les puso a sus dos hijos. Puesto que esos hijos nacieron antes de que llegara la hambruna, podemos calcular que José tenía ahora unos treinta y siete años de edad. Llevaba casado alrededor de siete años, y habían pasado casi veinte desde que fuera vendido como esclavo en Egipto. Pero él no podía olvidar lo que le había ocurrido.

Como símbolo de la sanidad que estaba teniendo lugar en su corazón, José puso por nombre a su primogénito *Manasés*, que en hebreo significa "*olvidar*". Escucha la explicación que él mismo nos da: "Dios me hizo olvidar todo mi trabajo, y toda la casa de mi padre" (v. 51). Aquellos terribles recuerdos estaban comenzando a borrarse: había empezado a olvidar su pasado.

Quiero recordarte que José no tenía comunicación alguna con su amado padre: ni siquiera sabía si este aún viviría o habría muerto. Por muy glamuroso que fuera estar junto a Faraón, el recuerdo de Jacob nunca se apartó de él. Pero ahora que la marea había cambiado, era capaz de hacer las paces con su pasado.

Muchas personas recuerdan lo que deberían olvidar y olvidan lo que deberían recordar, pero José no permitió que su pasado arruinase su futuro. Dios era mayor que lo uno y que lo otro.

Si a su primer hijo le puso un nombre que le recordara que podía triunfar sobre su pasado, al segundo lo llamó de una forma que indicaba la victoria sobre su futuro. Su segundo hijo recibió el nombre de *Efraín*, que significa "fructífero": "Dios me hizo fructificar en la tierra de mi aflicción" (v. 52).

¡Fruto en medio de la aflicción! Las dos palabras forman un oxímoron. Son contradictorias, salvo para aquellos a quienes la fe les ha enseñado a ver la mano de Dios en los reveses de la vida. Job formuló la siguiente pregunta: "¿Recibiremos de Dios el bien, y el mal no lo recibiremos?" (Job 2:10). La tierra de bendición puede convertirse en una tierra de aflicción; pero, con la misma facilidad, la tierra de aflicción es capaz de transformarse en una tierra de bendición.

Así que tanto a lo largo y ancho del mundo conocido entonces, como en el corazón de José, el sueño estaba comenzando a tomar forma. La esperanza se había reavivado. Dios había puesto en marcha una cadena de acontecimientos que culminaría con una gran bendición.

José estaba aprendiendo que el Señor, a menudo, cumple nuestros sueños cuando nosotros ayudamos a otros a cumplir los *suyos*. Él se había convertido en un siervo diligente del faraón y, al hacerlo, descubrió que los sueños independientes que ambos tenían estaban íntimamente ligados entre sí. El ayudar a cumplir el sueño de Faraón hizo que su propio sueño empezara a hacerse realidad.

Si hoy día estás viviendo con algún sueño roto, ¿por qué no decides ayudar a otra persona para que logre realizar el suyo? Tu propio sueño —o al menos algún sueño que Dios tenga para ti—, muy bien pudiera cumplirse gracias a tu compromiso de servir a los demás. Dos sueños bastante distantes a menudo convergen en la mente de Dios.

Piensa en esta promesa: "Y si dieres tu pan al hambriento, y saciares al alma afligida, en las tinieblas nacerá tu luz, y tu oscuridad será como el mediodía. Jehová te pastoreará siempre, y en las sequías saciará tu alma, y dará vigor a tus huesos; y serás como huerto de riego, y como manantial de aguas, cuyas aguas nunca faltan" (Is. 58:10-11). Ayuda a alguien con su sueño y Dios te ayudará a ti con el tuyo.

Finalmente, José aprendió que si queremos ver cumplidos los sueños de Dios para nosotros debemos ser pacientes. Él salió de su hogar cuando tenía diecisiete años, y fue exaltado en Egipto a los treinta. Añádele a eso los siete años de abundancia y el año o el par de años antes de que sus hermanos llegaran a Egipto, y verás que pasaron más de veinte años hasta que José pudo ver su sueño cumplido.

Al despertar aquella mañana en la pestilente mazmorra egipcia, se esperaba otro día más de deprimente rutina. No había nada en esa celda que le hiciera creer que la bendición le aguardaba a la vuelta de la esquina; pero Dios decidió convertir un día ordinario en otro extraordinario: la espera había merecido la pena.

Refiriéndose a Dios, F. B. Meyer escribió lo siguiente: "Quizá te permita luchar contra un mar tempestuoso hasta la cuarta vigilia de la noche. Quizá parezca silencioso y austero, y se quede dos días más en el mismo lugar, como si no le importara la muerte de Lázaro. Quizá permita que tus oraciones se acumulen como cartas sin abrir sobre la mesa de un amigo ausente. Pero al final dirá: 'Oh hombre, oh mujer, grande es tu fe: conforme creíste te sea hecho'" (*Joseph*, p. 57).

¿Y si tu sueño nunca se cumple? ¿Si todos tus planes se desmoronan, y pasan los años y su realización se hace imposible? En tal caso, acude a Dios de todo corazón y dile que ya no te quedan más sueños. Él mismo se convertirá entonces en tu sueño y compartirá contigo su presencia. Si tienes ese sueño, aún podrás afrontar el mañana.

"En Dios solamente está acallada mi alma; de él viene mi salvación. El solamente es mi roca y mi salvación; es mi refugio, no resbalaré mucho" (Sal. 62:1-2).

Mientras tengas vida, aún te quedará un sueño por cumplir.

Capítulo 7

El sueño casi se hace realidad

Génesis 42

Aunque nuestros sueños estén solamente en las manos de Dios, cuando Él comienza a cumplirlos, otras personas llegan a formar parte de la red. Vivimos en un mundo donde nuestras relaciones con la gente se mezclan con los planes del Señor para nosotros. Nadie vive su vida totalmente aislado. Toda vocación, ambición o sueño nos pone en contacto con aquellos que se convertirán, necesariamente, en parte de nuestro futuro.

Si tu sueño es ser misionero, tendrás que mandar tu solicitud a un consejo de misiones y finalmente trabajarás con otros compañeros. Tu sueño se entretejerá con el de otros muchos. O tal vez desees ser maestro, arquitecto, enfermera o madre: cada una de esas profesiones implican a las vidas de otras personas tanto en la *preparación* como en el *cumplimiento* de tu sueño.

El sueño de José, por supuesto, no era diferente: solo podía cumplirse si sus hermanos se postraban ante él; y esto no ocurriría a menos que ellos viajasen a Egipto, donde quien ahora gobernaba era él. El escenario estaba preparado, se había alzado el telón, y la obra iba a empezar de inmediato.

El sueño original de José requería un plan bien definido: sus once hermanos tenían que ir a Egipto; y como Dios quería hacer de aquellos hombres el cimiento de una nación, sus corazones necesitaban cambiar. Había al menos dos pecados en el pasado de ellos a los que debían enfrentarse: la crueldad hacia su hermano y el haber mentido a su padre. Los años transcurridos no habían borrado ni el pecado ni la necesidad de reconciliación y perdón. El tiempo no elimina la culpa.

En Egipto, José estaba ahora en posición de recibir visitantes de todo el mundo. Sus dones administrativos habían hecho posible que movilizara a todo un ejército de agricultores con el fin de reunir las enormes cantidades de grano necesarias para poder subsistir durante el inminente desastre. Había hecho bien su trabajo y Egipto se encontraba preparado para ser el granero del mundo.

Los siete años de abundancia habían quedado atrás y la hambruna empezaba a aparecer. La fama de José y de su plan agrícola se extendía por toda la tierra: sin importar cuánto escasease el grano, Egipto lo tenía a rebosar.

¿Cómo llevó Dios hasta José a los hermanos de este? ¿De qué manera se logró la reconciliación? El Señor orquestó una serie de acontecimientos para que se cumpliese el sueño que Él mismo había dado, y lo que había sido un confuso rompecabezas tomó forma.

La hambruna

En Canaán, Jacob luchaba con la pregunta de cómo iba a proveer comida para su casa y para su ganado cuando llegó a sus oídos que en Egipto había alimentos. Alguien allí había tenido la previsión de almacenar grano durante los años de abundancia, y lo vendía a un precio razonable.

Jacob habló entonces a sus hijos con una mezcla de enojo y de sarcasmo: "¿Por qué os estáis mirando?… He aquí, yo he oído que hay víveres en Egipto; descended allá, y comprad de allí para nosotros, para que podamos vivir, y no muramos" (Gn. 42:1-2).

Así que los hermanos de José emprendieron obedientemente el viaje de una semana hasta Egipto a fin de conseguir la comida que tan desesperadamente necesitaban. El hambre les hizo iniciar el camino que los llevaría hasta José. Cuando Dios quiere llamar nuestra atención, a menudo comienza con una necesidad física: dificultades económicas, problemas de salud, una sequía… Mientras estamos cómodos tendemos a desconectarnos del Señor —no sentimos una necesidad especial de Él—, pero la tragedia nos capta el interés.

Como dijera F. B. Meyer: "Mientras las colinas estaban verdes y los pastos llenos de rebaños; mientras los valles se hallaban cubiertos de maíz y resonaban con los cantos de los cosechadores, todo ese tiempo, Jacob quizá sufrió en soledad. Pero cuando llegó la gran hambruna, el corazón de aquellos hombres se abrió a la convicción de pecado, su seguridad carnal quedó hecha añicos, y estuvieron listos para tener ciertas experiencias espirituales con las que nunca habían soñado. Sí, y de esta manera se los estaba preparando para su reunión con José" (*Joseph*, p. 70). Dios agitó su nido e hizo que se pusieran en marcha.

Cuatro siglos después, el Señor usaría el hambre en las vidas de los descendientes de aquellos hombres para evaluar su condición espiritual. En el desierto, la nación de Israel estaría sin pan y sin agua con el único propósito de que se revelara lo que realmente había en sus corazones. Moisés les explicó cuál había sido la intención de Dios: "Y te acordarás de todo el camino por donde te ha traído Jehová tu Dios estos cuarenta años en el desierto, para afligirte, para probarte, para saber lo que había en tu corazón, si habías de guardar o no sus mandamientos" (Dt. 8:2).

El hambre saca a la superficie lo que hay en el corazón humano. El carácter de las personas tiene su prueba más severa cuando su fuente de alimento se ve amenazada. La verdadera condición de un hombre se revela en el momento de la estrechez: ¿confiará entonces en Dios o no lo hará?

En aquella ocasión, Dios utilizó la hambruna para sacar a la familia de Jacob de su complacencia de modo que fuesen a Egipto. Él tenía que cumplir la promesa que le había hecho a Abraham y realizar el sueño que le había dado a José. Así que cerró todas las puertas, salvo aquella que los llevaría a emprender el viaje hacia la abundancia y la bendición.

Jacob no permitió que su hijo Benjamín acompañase a sus diez hermanos. Se acordaba de lo que le había sucedido a José, y no quería arriesgar la vida de su hijo menor. Quizá simplemente había cambiado de hijo favorito: cuando José desapareció del cuadro, el anciano transfirió su amor especial a Benjamín, cuya madre había sido también Raquel, su esposa favorita. Evidentemente, Jacob aún no tenía la percepción suficiente para entender el daño que el favoritismo puede causar en una familia. Benjamín debía contar al menos treinta años de edad por aquel entonces, pero se quedó en casa mientras sus diez hermanos se ponían en camino para comprar el grano.

Siguiendo el impulso de sus estómagos, los diez hijos de Jacob salieron hacia el país que estaba al sur de Canaán. Solo podemos especular acerca de lo que pensarían mientras iban de camino a Egipto. Su intención era hacer un viaje rápido —probablemente de una semana de ida y otra de vuelta—, conseguir su grano y regresar a casa.

Aunque muchos miles de personas se habían visto afectadas por la hambruna, el propósito principal de esta era hacer que una familia en concreto emigrara a Egipto. Por supuesto, aquellas naciones nunca sabrían que estaban tomando parte, indirectamente, en una gran trama para cumplir la palabra profética dada a un humilde patriarca.

Dios estaba hablando, actuando, orquestando…

La confrontación

José no supervisaba todas las compras de grano, pero se hallaba presente aquel día en concreto, a la hora exacta y en el lugar preciso, cuando sus diez hermanos llegaron. Se trataba simplemente de un importante detalle más dispuesto por la invisible mano divina.

José los reconoció, con sus barbas y atuendos cananeos; pero, por muchas veces que los contase, solo veía a diez hombres. Su corazón desfalleció al darse cuenta de que Benjamín, su hermano de sangre, no estaba con ellos.

"Y llegaron los hermanos de José, y se inclinaron a él rostro a tierra. Y José, cuando vio a sus hermanos, los conoció; mas hizo como que no los conocía, y les habló ásperamente" (Gn. 42:6-7).

Al instante, seguramente, José se acordó de su sueño. Allí estaban, ¡postrados ante él! ¿Era ese el cumplimiento de lo que había soñado? Todavía no: en su primer sueño había once manojos de espigas abatidos por el viento, once estrellas rindiéndole homenaje. Allí solo veía diez.

Es comprensible que los diez hermanos no reconocieran a José, quien habría cambiado considerablemente en aquellos veintidós años. Siguiendo las costumbres de los egipcios, es probable que tuviera la cabeza rapada y vistiera una túnica especial. Además, ellos no esperaban ver a su hermano porque suponían que estaba muerto.

José no se manifestó a sus hermanos por una buena razón: quería probarles para ver si eran sinceros. Deseaba saber si su corazón se había ablandado o endurecido; necesitaba evaluar sus respuestas…

Así que recreó, lo más que pudo, la escena de la cisterna en Canaán, pero invirtiendo ahora el lugar de los actores. Acusó a sus hermanos de ser espías, que era exactamente lo que ellos le habían llamado muchos años atrás. Como recordarás, Jacob le había enviado, intimándole: "Mira cómo están tus hermanos". Él debía volver a su padre para informarle; así que… ¡era un espía!

En aquella ocasión él había clamado pidiendo misericordia, pero su clamor no fue escuchado. Le trataron con dureza, sin tener en cuenta sus sentimientos y protestas. Ahora iban a saber lo que suponía ser acusados falsamente.

La primera reacción de José fue meterlos a todos en la cárcel menos a uno, con la intención de enviar a este de vuelta a casa en busca de Benjamín. Eso —dijo él— revelaría si estaban diciendo la verdad; pero luego cambió de opinión y los encarceló a *todos* durante tres días (vv. 14-17).

No creo, ni por un instante, que José hiciera eso para ajustar cuentas con ellos. Por un lado, no había manera de compensar todos los años de dolor y sufrimiento que él había soportado; por otro, José no tenía un corazón vengativo. Más tarde, cuando se presentó una oportunidad más que clara para tomarse la revancha, aseguró a sus hermanos que jamás habría hecho tal cosa, porque en todo el sufrimiento que le habían causado, él había reconocido la mano de Dios. Ya hablaremos más acerca de esto después.

Su estancia en prisión brindó a los diez hermanos de José la oportunidad de mirarse en un espejo y recordar lo que habían hecho en Dotán. A solas con sus recuerdos, tuvieron tiempo para experimentar una empatía que nunca antes habían conocido. Así fue como Dios captó su atención.

José mismo necesitaba un poco de tiempo para pensar cuál debía ser su siguiente paso, y al tercer día les hizo una propuesta diferente: "Haced esto, y vivid: Yo temo a Dios —comenzó diciendo—. Si sois hombres honrados, quede preso en la casa de vuestra cárcel uno de vuestros hermanos, y vosotros id y llevad el alimento para el hambre de vuestra casa. Pero traeréis a vuestro hermano menor, y serán verificadas vuestras palabras, y no moriréis" (vv. 18-20).

Quizá la referencia a Dios los alertó de que en Egipto habían conocido a un hombre que creía en el Dios de su padre Jacob. Si sentían algún interés por el Todopoderoso, tendrían que haberse dado cuenta de que se encontraban ante alguien con unas creencias similares a las suyas. Dios estaba presente para atestiguar su honradez o su falta de ella, según fuera el caso.

Así que José había puesto sus condiciones finales: uno de ellos se quedaría en la cárcel y los otros nueve regresarían a casa y traerían consigo a Benjamín. De este modo, los hermanos se verían compelidos a volver a Egipto; ya que, a fin de cuentas, les preocuparía la suerte del que se quedaba allí. Y lo que era aún más importante: su grano pronto se terminaría, y tendrían que habérselas de nuevo con la hambruna.

Por supuesto, ellos no sabían que José entendía su idioma, así que se sentían cómodos hablando entre sí de los sucesos del pasado: "Verdaderamente hemos pecado contra nuestro hermano —dijeron—, pues vimos la angustia de su alma cuando nos rogaba, y no le escuchamos; por eso ha venido sobre nosotros esta angustia" (v. 21).

"Vimos la angustia de su alma, ¡y no le escuchamos!". Como el oso que sale de su hibernación con el sol de la primavera, las conciencias adormecidas de aquellos hombres endurecidos cobraron vida de repente. Un pecado que con tanto empeño habían intentado olvidar salió de entre las altas hierbas que habían crecido junto al camino de sus vidas. Dios —según creían ellos— estaba comenzando a juzgarles por un pecado que habían encubierto con gran esmero.

Fíjate bien: ellos admitieron que ahora se les pasaba factura por la angustia que había soportado su hermano José, y que estaban probando un poco de su propia medicina.

Rubén, el primogénito, quien se había opuesto al plan de matar o vender a José, ahora, como era de esperar, les recordó: "¿No os hablé yo y dije: No pequéis contra el joven, y no escuchasteis? He aquí también se nos demanda su sangre" (v. 22). ¡De repente estaban recobrando la memoria! Sí, aún había esperanza para aquellos pecadores encallecidos: sus endurecidas conciencias empezaban a despertarse.

José no quería que su sueño se cumpliera prematuramente. Ya que Dios había estado esperando veintidós años, él podía aguantar unas semanas más o incluso unos pocos meses. Necesitaba saber si el corazón de sus hermanos había cambiado de veras.

En esta historia tenemos dos atisbos muy distintos de cómo era José. Privadamente se aleja de sus hermanos para llorar, embargado por la emoción; mientras que en presencia de ellos, se muestra firme y áspero. Seguidamente leemos: "Después volvió a ellos, y les habló, y tomó de entre ellos a Simeón, y lo aprisionó a vista de ellos" (v. 24).

Los hermanos de José solo vieron las ásperas acciones de un hombre desagradable, por lo cual es comprensible que tuvieran temor. Lo que no sabían era que detrás de las apariencias latía un corazón tierno y compasivo. Tampoco entendían que la razón de que se acusara y encarcelara a Simeón era para hacerlos regresar a aquel lugar de bendición y, finalmente, de reconciliación. Únicamente percibieron la dureza de José, pero no sus lágrimas.

Del mismo modo, nosotros pensamos con frecuencia que Dios es duro, insensible e indiferente a nuestras pruebas. Vemos el aspecto "rudo" de sus tratos para con su pueblo; pero si pudiéramos comprender la manera en que sufre y se entristece en nuestros momentos de dolor, nos alegraríamos por su tierna solicitud. "Si tan solo pudiéramos ver el rostro tierno que hay detrás del velo —escribe F. B. Meyer—, y conocer la nobleza del corazón que late bajo esa armadura, nos sentiríamos tan seguros en sus reprimendas como lo estamos en sus más tiernos cuidados" (*Joseph*, pp. 76-77).

Simeón se quedó en la cárcel para garantizar que los otros hermanos regresaran; pero estos también tenían

preparado un examen especial, el cual podían aprobar
o suspender.

Un golpe de la providencia

José dio órdenes a sus hombres para que llenasen los
sacos de sus hermanos de grano y devolvieran a cada uno
de ellos el dinero de la compra en su saco, juntamente con
provisiones para el viaje. Claro está que ellos no lo sabían,
así que se fueron ajenos a la sorpresa que les aguardaba.

Ya en el camino, uno de ellos abrió el saco para darle
pienso a su burro y encontró el dinero: "Mi dinero se me
ha devuelto —dijo a sus hermanos—, y helo aquí en mi
saco". Por lo general, un hallazgo así hubiera sido motivo
de gozo, pero aquellos hermanos se sintieron consternados.
Sus corazones desfallecían, mientras se miraban los unos a
los otros y decían: "¿Qué es esto que nos ha hecho Dios?"
(Gn. 42:28). El Todopoderoso no se había olvidado de ellos.

Cuando llegaron a casa, descubrieron que a todos ellos
se les había devuelto el dinero en sus sacos, y no supieron
qué pensar: ¿qué les *estaba* haciendo Dios?

F. B. Meyer dice que una conciencia culpable no sabe
cómo interpretar la misericordia divina, por lo que "destila
veneno de sus flores más dulces". Los hermanos estaban
convencidos de que merecían males, de modo que no
se explicaban aquel bien que les había acontecido. Años
atrás se habían alegrado por las veinte piezas de plata que
recibieron de la venta de su hermano; pero este dinero,
en vez de regocijo, les producía temor.

¿Hasta qué punto habían llegado los hermanos a res-
ponsabilizarse de su pasado? ¿Acaso la sospecha de que
Dios estaba comenzando a tratar con ellos les infundía
un espíritu de arrepentimiento? Todavía no.

Lo irónico del caso es que, cuando le relataron a su padre lo que había sucedido, meramente repitieron la mentira que le habían contado a José: "Somos hombres honrados, nunca fuimos espías. Somos doce hermanos, hijos de nuestro padre; uno no parece, y el menor está hoy con nuestro padre en la tierra de Canaán" (vv. 31-32). Hicieron referencia a su hermano José, pero aún no estaban dispuestos a decir lo que había ocurrido de veras. El anciano Jacob aún creía que a su hijo lo había matado una bestia salvaje, y ellos afirmaban ser sinceros mientras sostenían la misma mentira de siempre que habían guardado en su corazón durante más de veinte años.

Entretanto, allá en Egipto, José sabía que la reconciliación se sustenta en la confianza. Podría haber revelado su identidad a sus hermanos en el momento mismo en que los vio, pero estaba considerando la perspectiva a largo plazo. Antes de decirles quién era, tenía que saber lo que había en sus corazones.

Finalmente llegaría a confiar en ellos, pero eso llevaría su tiempo: "El hermano ofendido es más tenaz que una ciudad fuerte" (Pr. 18:19). Los agravios que cometemos se nos olvidan fácilmente, pero aquellos de los que somos objeto se nos vienen de continuo a la memoria. Años después esos recuerdos aún están ahí.

Pregúntale a cualquier mujer cuyo esposo haya cometido adulterio, y te dirá que la confianza es algo frágil, que se rompe fácilmente; y cuando esto sucede, resulta difícil reconstruirla. Pero sin confianza, ninguna relación significativa puede sobrevivir. La integridad constituye la base de la comunicación y del disfrute mutuo.

José también estaba aprendiendo que la reconciliación lleva su tiempo. Mientras lees estas páginas, quizá tú mismo estés forcejeando con ofensas que han tenido lugar en tu familia. No pierdas toda esperanza en tanto que la parte ofensora esté viva. ¿Quién sabe lo que Dios puede hacer durante los veinte próximos años? Quizá obre a través de las circunstancias para que se produzca ese cambio de corazón que precisan tus padres, hermanos o hermanas.

Cierto joven se me acercó recientemente y me dijo que le remordía la conciencia porque quince años atrás había hecho trampas en un examen de la universidad. Al graduarse con honores, sobre su corazón se cernió una nube que no acababa de disiparse. Aunque había pedido perdón a Dios, quería reconciliarse con la universidad y, más particularmente, con su profesor.

Le animé a escribir una carta al profesor encargado de aquel curso para decirle exactamente lo que había ocurrido, encomendándole a Dios las consecuencias. Siempre que tengamos la oportunidad de hacer restitución, deberíamos hacerla.

El perdón de Dios no anula la necesidad de actuar correctamente ante los hombres. Pablo dijo que él tenía "una conciencia sin ofensa ante Dios y ante los hombres" (Hch. 24:16).

Los hijos de Jacob no solo le debían la verdad a su anciano padre, sino que también tenían que haber suplicado a este su perdón. Puede que argumentemos que era más fácil para Jacob aceptar aquella mentira de que una bestia salvaje había devorado a su hijo amado, que escuchar la verdad de que los hermanos de José eran tan perversos que lo habían vendido a la angustia de la esclavitud.

Ciertamente hubiera sido más fácil para el anciano morir creyendo la mentira, pero conociendo el carácter de los hermanos de José imagino que mantuvieron su acuerdo, no tanto para proteger a su padre de la verdad, sino más bien para guardarse a sí mismos de la ira de Jacob. La principal preocupación de ellos era su propio bienestar.

¿Cómo consideró Dios la mentira que contaron aquellos hombres? Nunca debemos hacer males para que vengan bienes, porque eso desentroniza al Señor. Cuando mentimos, estamos diciendo en realidad que los buenos propósitos divinos no se pueden llevar a cabo en este mundo sin usar al menos un poco de maldad como medio para conseguir el bien. Pero el fin no justifica los medios.

Si aquellos hombres hubieran tenido un corazón sensible, podrían haber acudido a su padre con espíritu arrepentido, suplicando su perdón y aceptando las consecuencias que fueran. La mentira no había hecho más que endurecer sus corazones; puede que esta suavizara el golpe para Jacob, pero entristecía a Dios, que era a quien más le debían.

Por último, José estaba aprendiendo que los sueños a veces se cumplen por etapas. Dios había utilizado todos aquellos años a fin de prepararle a él para que viera cumplido su sueño; pero el Señor también tenía que preparar los corazones de sus hermanos. Los sueños quizá se nos concedan en un momento; sin embargo, su cumplimiento puede requerir semanas, años y a veces hasta generaciones.

Dios no tiene tanta prisa como nosotros, ni cuenta el tiempo por días, semanas o años, sino que lo hace incluso por siglos. Cuando le dio la visión a Abraham, mencionó que los descendientes de este serían extranjeros en una tierra extraña, donde los esclavizarían durante "cuatrocientos años" (Gn. 15:13).

Teniendo en cuenta que iban a estar cuatro siglos en la

tierra de Egipto, no debería extrañarnos que Dios tardara veintidós años en cumplir el sueño de José. Ciertamente, Dios no es tan impaciente como nosotros, y cuenta el tiempo según su propio calendario.

Hasta entonces el sueño aún no se había cumplido, ya que los hermanos tenían que regresar con Benjamín y, por supuesto, Jacob debía seguirlos. La obra ya estaba en marcha: solo faltaba el último acto.

En cuanto a los diez hermanos de José, su dureza estaba dejando paso al remordimiento. Ahora mostraban preocupación por su padre y su hermano menor; tal vez se podía confiar en ellos.

Mientras tanto, José podía empezar a entender cómo se iba a cumplir aquel sueño. El Señor había sacado el mismo de la estantería y lo había puesto sobre la mesa: estaba dirigiendo a los actores y los acontecimientos para que convergiesen en el lugar y del modo deseados.

El Señor había previsto todo eso desde el día que vendieron a José en Dotán. En aquel momento, no era en realidad importante que el joven entendiera lo que Él estaba haciendo, *¡solo necesitaba creer que Dios sabía lo que hacía!* Los que trabajan en un submarino no precisan ver hacia dónde se dirige la nave, basta con que el capitán maneje el submarino por ellos.

No tenemos que conocer el mañana, simplemente hemos de encomendarnos a alguien que sí lo sabe.

"Fíate de Jehová de todo tu corazón, y no te apoyes en tu propia prudencia. Reconócelo en todos tus caminos, y él enderezará tus veredas" (Pr. 3:5-6).

Capítulo 8

El sueño cumplido

Génesis 43:1—45:8

Hay tantos sueños como personas en el mundo, pero la mayoría de esos sueños nunca se harán realidad. Como sabemos, José tuvo un sueño que sí se cumplió. ¿Dónde residía el poder para su cumplimiento?

El sueño de que su familia se postraría delante de él se lo había dado Dios mismo. José no habría elegido ese sueño de exaltación para sí. No se trataba meramente de una expresión de sus deseos, ni tampoco de un producto de su imaginación. Fue Dios quien levantó un poco la cortina y le permitió que viera el futuro.

Y había otra razón por la que José no hubiera elegido para sí mismo ese sueño: aunque el mismo terminó con honra, le costó veintidós años de dolor, decepción y soledad. Sin embargo, como José amaba a Dios, sabía que el sueño en cuestión sería lo mejor para él.

Una característica de la madurez cristiana es la de permitir que Dios escoja los sueños que debemos tener. A menudo Él opta por un sueño que nosotros nunca elegiríamos: quizá de aflicción en lugar de poder, o de crecimiento en carácter y no de comodidad. Pero si tenemos fe para creer que Él sabe lo que es más conveniente, dejaremos el asunto en sus amorosas manos.

Por supuesto, la pregunta que queremos que se nos responda es: ¿Cómo podemos saber cuál es el sueño de Dios para nosotros? Muchos seríamos capaces de soportar bastante mejor nuestras decepciones si estuviésemos seguros de que todo forma parte del plan trazado por la sabiduría divina. Pero como este tema necesita un tratamiento más detallado, lo dejaremos para un capítulo posterior.

José no veía cumplido su sueño hasta que Dios efectuara un milagro en su familia. El Señor tenía que cambiar la actitud de sus tercos hermanos a fin de que estos tomaran ciertas decisiones —ya fuera de manera consciente o no— las cuales promoverían el plan divino original. Dios estaba ordenando todos los acontecimientos para ello.

A veces decimos que los deseos de los hombres suponen un gran obstáculo para que la voluntad de Dios se haga en la tierra. Muchos cristianos creen que el Señor puede controlar las estrellas del cielo y los terremotos en nuestro mundo, pero que los seres humanos están fuera de los límites de su dominio. La doctrina del "libre albedrío" ha conducido a esa otra de que los sueños de Dios para nosotros pueden verse frustrados si algún terco ser humano decide no cooperar.

Todos hemos oído de casos en los que dos enamorados forcejean con el hecho de que sus padres se oponen rotundamente a su inminente compromiso de boda. Creen que la voluntad de Dios para ellos es que se casen; pero los progenitores de uno de los novios, o quizá de ambos, les niegan su bendición. O también es posible que unos padres no creyentes se resistan con todas sus fuerzas al deseo de su hijo de convertirse en misionero o de servir a Dios mediante alguna otra vocación.

Piensa en la cantidad de niños que crecen en hogares donde se les obliga a someterse a los deseos de sus padres y convertirse en médicos o abogados, cuando sus aptitudes y deseos apuntan en una dirección totalmente distinta. Muchos progenitores han arruinado los sueños de sus hijos imponiéndoles su propia voluntad.

Puede que llegue el momento en que esos hijos tengan que elegir su propia carrera o su futuro cónyuge sin el consentimiento de sus padres: en última instancia, el único responsable de tomar tales decisiones es el hijo mismo. Pero hasta en el caso de que alguien se haya visto obligado a vivir una vida de frustración por los juicios equivocados de otras personas, Dios aún tiene un sueño para él o para ella. ¡Dichoso el individuo que puede aceptar esas tragedias y comprender que, a veces, el Señor hace su obra más grande en nuestro corazón cuando nos vemos forzados a asumir situaciones que nosotros mismos no hemos elegido! Eso fue, por ejemplo, lo que sucedió en el caso de Moisés en el desierto.

Ni siquiera las acciones de hombres perversos suponen una barrera para Dios: Él puede remodelar nuestros sueños y hacer que estos encajen con las circunstancias. Y si lo desea, es capaz de obrar en los corazones de tales hombres para que tomen decisiones compatibles con su voluntad para nosotros. Dios vence la resistencia de ellos a su antojo: "Como los repartimientos de las aguas, así está el corazón del rey en la mano de Jehová; a todo lo que quiere lo inclina" (Pr. 21:1).

En el caso de José, varias personas tenían que ocupar su sitio como las piezas en un tablero de ajedrez. Benjamín debía sumarse a sus hermanos en Egipto y postrarse con ellos a los pies de José, y el anciano Jacob necesitaba trasladarse allí con su familia. El plan de Dios había de cumplirse.

A estas alturas del relato, José ya sabía que su padre seguía vivo, que Benjamín aún no había abandonado el hogar, y que sus hermanos eran conscientes de haber pecado contra él. Pero no se quedaría satisfecho hasta que sondeara más profundamente los corazones de estos y averiguase qué cambios se habían producido con el paso de los años.

Hubo muchas personas implicadas en el cumplimiento del sueño de José, pero consideremos solo a tres de ellas las cuales desempeñaron un papel clave en la realización del mismo.

Jacob: un hombre sumamente lento para aprender

El corazón del anciano Jacob aún manifestaba las mismas debilidades a pesar de sus muchos años de caminar con Dios. Bien es cierto que no hay evidencia de que siguiera siendo el maquinador que había sido en su juventud, pero todavía conservaba su favoritismo. Cuando le dijeron que José había muerto, transfirió una doble porción de afecto a Benjamín, el segundo hijo de Raquel, su esposa favorita. No había aprendido de sus errores pasados; a pesar de los celos que pudieran tener sus otros hijos, él continuaba tratándolos de forma diferente.

Aún continuaba siendo aquel padre pasivo que reaccionaba a las circunstancias de manera pesimista y demostrando poca fe en Dios. Cuando sus hijos regresaron con el grano y le contaron lo que les había ocurrido en Egipto, el anciano le dijo a Rubén: "Contra mí son todas estas cosas" (Gn. 42:36). Pensaba que José había muerto; Simeón había quedado como rehén en Egipto; y ahora sus otros hijos querían llevarse también a Benjamín. No podía pensar en nada que le fuera favorable.

A Jacob le cegaban su dolor y sus problemas personales. No estaba dispuesto a considerar la posibilidad de que el Señor estuviera obrando en medio de las dificultades de la vida. Dios le estaba haciendo pasar por algunas pruebas finales que tenía que afrontar. ¿Podía fiarse de sus hijos? Y más importante aún: ¿Podía fiarse de Dios?

Jacob afirmó rotundamente que Benjamín no iba a regresar, e incluso reprochó a sus hijos que hubiesen dicho a aquel temible gobernante egipcio que tenían un hermano en casa. Su decisión parecía definitiva: "No descenderá mi hijo con vosotros, pues su hermano ha muerto, y él solo ha quedado; y si le aconteciere algún desastre en el camino por donde vais, haréis descender mis canas con dolor al Seol" (v. 38).

Pero la hambruna era implacable. Los víveres que habían traído de Egipto se estaban acabando rápidamente, y Jacob mismo se vio forzado a sacar a colación el incómodo asunto: "Volved, y comprad para nosotros un poco de alimento" (Gn. 43:2).

Ahora fue Judá quien dio un paso al frente y habló con su padre: "Aquel varón nos protestó con ánimo resuelto, diciendo: No veréis mi rostro si no traéis a vuestro hermano con vosotros" (v. 3). El anciano se encontraba ante un ultimátum: si no permitía que Benjamín fuera a Egipto morirían de hambre.

Jacob se vio, pues, *obligado* a confiar en Dios. Era

cierto que no se podía confiar en sus hijos —tal vez tenía la sospecha de que José había muerto por negligencia de ellos—, pero había que tomar una decisión. Entonces, Judá le hizo a su padre una promesa personal: "Yo te respondo por él; a mí me pedirás cuenta. Si yo no te lo vuelvo a traer, y si no lo pongo delante de ti, seré para ti el culpable para siempre" (v. 9).

Viéndose arrinconado, Jacob dio permiso para que llevaran consigo a Benjamín. Le gustase o no, su hijo favorito iba ahora de camino con aquellos rudos, independientes y en ocasiones malvados hermanastros suyos. Judá había garantizado personalmente su seguridad.

A veces nos vemos forzados a depender de otras personas, lo queramos o no. Y cuando no podemos confiar en ellas, lo único que nos queda es entregarle por entero la situación a Dios. Recuerdo a cierta mujer cuyo esposo separado raptó a su hijo después de sostener una enconada batalla legal por la custodia del niño. Ella no sabía si volvería a ver de nuevo a su querido hijo; tampoco tenía la seguridad de que su marido no fuera a abusar de él. Solo había una cosa razonable que podía hacer, y era *no poner la vista en su esposo sino en Dios.*

Esta historia tuvo un final feliz: la mujer se reunió con sus amigas y juntas lucharon en oración contra las fuerzas de Satanás, las cuales daban toda la impresión de estar controlando a su esposo. Días después encontraron al niño y se lo devolvieron a su madre. ¡Dichosa la persona que cree que Dios es capaz de cuidar de sus posesiones aunque estén en manos de otros! Cuando no podemos confiar en los demás, aún nos es posible seguir confiando en Dios.

A Jacob, quien en sus años más jóvenes tantas veces

había confiado en sus propias maquinaciones, ahora se le retiraron todos los apoyos, y se vio obligado a adoptar una postura que aborrecía profundamente: la de no poder hacer nada por el bienestar de su querido hijo salvo confiar en Dios. Como la mayoría de nosotros, el anciano le encomendó al Señor el asunto porque no le quedaba otra alternativa.

De este modo Dios obró en el corazón de Jacob para hacer realidad el sueño de José. Sin saberlo, el anciano se había alineado perfectamente con los propósitos divinos, y Benjamín iba a ser el undécimo de sus hijos que se postrara ante su hermano.

Judá: el hombre que aprendió a confesar

Judá actuó como cabecilla en el primer acto de la vida de José. Rubén había sugerido que arrojaran a este en la cisterna, con la esperanza de poderlo liberar más tarde. Pero Judá tuvo un plan más siniestro: "¿Qué provecho hay en que matemos a nuestro hermano y encubramos su muerte? Venid, y vendámosle a los ismaelitas, y no sea nuestra mano sobre él; porque él es nuestro hermano, nuestra propia carne" (Gn. 37:26-27).

Así que los otros hermanos aceptaron su sugerencia y vendieron a José en lugar de matarlo. A primera vista podría parecer que Judá tuvo cierta compasión del muchacho, pero es más probable que hiciera esa propuesta por puro egoísmo. ¿Para qué iban a matar a José si podían conseguir algún dinero a cambio de él? Venderlo como esclavo a aquellos mercaderes era casi peor que la muerte; en su mente, Judá estaba considerando la ganancia.

Judá no solo era cruel, sino también inmoral. La Biblia hace un extenso relato de sus relaciones sexuales con una mujer que, según él pensaba, era una prostituta, pero que resultó ser su nuera (Gn. 38:24-26). Ahí tenemos a un hombre con un pasado infame que incluía tanto pecados secretos como conocidos, y al cual había que confrontar y hacer que se viese tal como era en la presencia de Dios.

Dios había estado obrando en el engañoso corazón de Judá. Años antes, cuando instigó la venta del hijo favorito de su padre, los celos le dominaban, pero ahora le vemos convertirse en el garante del segundo hijo predilecto de Jacob. A lo largo de los años, Judá se había ido ablandando, al tiempo que comenzaba a darse cuenta de que "el camino del transgresor es duro".

Así que los once hermanos emprendieron su segundo viaje a Egipto y, de nuevo, José los reconoció, aunque ellos no le identificaron a él. En cuanto vio que Benjamín los acompañaba, le pidió a su mayordomo que matara un animal y preparase una comida para compartir con sus hermanos. Estos, entonces, se llenaron de temor, pensando que todo aquello estaba relacionado con el dinero que habían encontrado devuelto en sus sacos. Rápidamente le explicaron todo al mayordomo, y le dijeron que habían vuelto a traer el dinero con ellos.

José los llevó a la zona del comedor de Faraón y les preguntó por su padre, y ellos formalmente le presentaron a Benjamín. Luego los hizo sentar a la mesa por orden de nacimiento. ¡No es de extrañar que se miraran los unos a los otros "atónitos"! (Gn. 43:33).

José probó a sus hermanos de todas las formas posibles. ¡Ordenó una ración cinco veces mayor que las demás para Benjamín! ¿Acaso era porque amaba a este especialmente? Naturalmente que sí, ya que Benjamín era su hermano por parte de padre y de madre. Pero la verdadera razón de aquel trato de favor fue examinar a sus otros herma- nos. ¿Mostrarían su desagrado o incluso su enojo ante esa muestra de predilección? ¿Harían algún comentario en el dialecto cananeo —el cual pensaban que José no entendía— proporcionándole una pista en cuanto a si habían logrado o no dominar sus celos?

Pero la mayor prueba para los once hermanos estaba aún por llegar. Cuando se disponían a partir, José pidió a su mayordomo que escondiera su copa personal en el saco de Benjamín, y después de aquello, una vez que sus hermanos llegaron a las afueras de la ciudad, hizo que sus hombres les dieran caza y los acusaran de robo. Los hermanos de José se mostraron incrédulos, insistiendo en que nunca habrían robado la copa de tan afamado gober- nante de Egipto, y respondieron confiadamente: "Aquel de tus siervos en quien fuere hallada la copa, que muera, y aun nosotros seremos siervos de mi señor" (Gn. 44:9).

Estuvieron abriendo saco tras saco pero no encon- traban la copa; sin embargo, al abrir el morral de Benja- mín… ¡ahí estaba! ¡La copa de plata!

¡Los hermanos de José no podían creerlo! "Enton- ces… rasgaron sus vestidos, y cargó cada uno su asno y volvieron a la ciudad" (v. 13). José, haciendo el papel de déspota despiadado, los acusó de devolverle mal por bien: "¿Qué acción es esta que habéis hecho? ¿No sabéis que un hombre como yo sabe adivinar?" (v. 15).

La copa que supuestamente habían robado era la que usaban los reyes para practicar sus artes mágicas. Exis- tía la costumbre de que tenía que utilizarse un objeto de esa clase a fin de establecer contacto con el mundo de lo oculto. En la religión egipcia de aquella época esos actos supersticiosos eran una práctica habitual, pero no podemos estar seguros de que José empleara realmente su copa para tales propósitos. Es más probable que simplemente hiciera aquel comentario con el fin de subrayar el hecho de que habían tomado algo que era de especial valor para él: un objeto personal que los gobernantes egipcios consideraban como una posesión preciosa.

Por fin José iba a descubrir lo que había en realidad en los corazones de sus hermanos. ¿Dejarían que Benjamín se convirtiera en esclavo, como habían hecho con él años atrás? ¿Podría ahora confiar en ellos?

Entonces fue cuando Judá tuvo su momento más brillante. Martín Lutero decía que ojalá pudiera llegar a orar a Dios como aquel rogó a su hermano José. Judá, tratando torpemente de encontrar las palabras, expresó: "¿Qué diremos a mi señor? ¿Qué hablaremos, o con qué nos justificaremos? Dios ha hallado la maldad de tus siervos; he aquí, nosotros somos siervos de mi señor, nosotros, y también aquel en cuyo poder fue hallada la copa" (v. 16).

"¡Dios ha hallado la maldad de tus siervos!". Ahí estaba por fin: una confesión de sus pecados pasados. La conciencia de Judá, dormida durante mucho tiempo, ahora despertaba, a medida que los hechos del pasado se agolpaban en su alma. Su pecado —como el de sus hermanos— había permanecido completamente oculto, pero Dios lo conocía.

A continuación tenemos uno de los discursos más emotivos y sinceros de toda la Biblia (vv. 18-34). Judá le habló a José acerca de Jacob, y de por qué este se había mostrado reticente a dejar ir con ellos a Benjamín. Su padre —le explicó— moriría si regresaban sin su hermano menor y, por tanto, no podían marcharse. Luego, terminó diciendo: "Te ruego, por tanto, que quede ahora tu siervo en lugar del joven por siervo de mi señor, y que el joven vaya con sus hermanos. Porque ¿cómo volveré yo a mi padre sin el joven? No podré, por no ver el mal que sobrevendrá a mi padre" (vv. 33-34).

Judá se encontraba delante del hermano que, a sugerencia suya, habían vendido como esclavo; sin embargo, ahora, él mismo se ofrecía para ser esclavo en lugar de Benjamín. El hombre que en otro tiempo deseó que su hermano fuese esclavo en Egipto, se presentaba como voluntario para serlo él también.

Judá había cambiado. No era el mismo hombre rudo de veintidós años atrás; ahora se podía confiar en él, puesto que había defendido a Benjamín, reconocido su pecado y mostrado su disposición a dar su vida por el hijo favorito de su padre.

De modo que Dios había movido de manera poderosa los corazones de dos hombres —Jacob y su hijo Judá— a tomar decisiones que se ajustasen perfectamente al plan que Él tenía para la nación. Pero el centro del escenario lo ocupaba José, a quien el Señor había preparado para aquel momento particular.

José: el hombre que aprendió que Dios nunca se equivoca

Tras el elocuente ruego de Judá, José no pudo contenerse más, y pidió que todos los egipcios saliesen de la sala a fin de darse a conocer a sus hermanos. Lloró tan alto que incluso la casa del faraón escuchó sus lágrimas de perdón y reconciliación: "Yo soy José —dijo—; ¿vive aún mi padre? Y sus hermanos no pudieron responderle, porque estaban turbados delante de él" (Gn. 45:3).

Entonces José repitió quién era y les pidió que se

acercaran a él. Ahí lo tenemos, envuelto en un abrazo con Benjamín; después acude a los brazos de Rubén, y —sí— también de Judá. Sus hermanos, oyéndole hablar en su propia lengua, recuerdan el pasado… la escena resulta demasiado delicada para reconstruirla.

Como es natural, los hermanos de José estaban exultantes, al tiempo que temerosos. José ostentaba un poder tremendo y, obviamente, aún recordaba lo que ellos le habían hecho; supo, por tanto, que debía apaciguar sus temores: "Ahora, pues, no os entristezcáis —les dijo—, ni os pese de haberme vendido acá; porque para preservación de vida me envió Dios delante de vosotros" (v. 5).

Ahí tenemos una bella imagen de cómo será la revelación de Cristo a sus hermanos judíos en un día futuro de restauración. El profeta Zacarías describe lo que ocurrirá en la segunda venida de Jesús con las palabras: "Y derramaré sobre la casa de David, y sobre los moradores de Jerusalén, espíritu de gracia y de oración; y mirarán a mí, a quien traspasaron, y llorarán como se llora por hijo unigénito, afligiéndose por él como quien se aflige por el primogénito" (Zac. 12:10).

Podemos imaginar lo que Cristo les dirá entonces: "Yo soy su hermano Jesús, a quien ustedes crucificaron, pero no se entristezcan, porque Dios me envió por delante".

Ahora José podía ver el cuadro al completo: el sueño se había cumplido tal como Dios se lo diera en un principio. El Señor había estado con él tanto en la cisterna como en el palacio, y le había sostenido del mismo modo en su humillación y en su exaltación.

Si pudiéramos preguntarle a José qué había aprendido durante los veintidós años pasados, nos diría que el hecho de que los sueños de Dios no siempre son fáciles de aceptar. Cualquier persona que piense que la voluntad divina no conlleva contratiempo alguno no entiende la mente del Señor. En medio de la voluntad de Dios, en el centro mismo de sus propósitos para nosotros, puede haber dolores y conflictos.

José aprendió que el sueño de Dios a menudo incluye muchas lágrimas. El rechazo, el abuso, la soledad y las falsas acusaciones duelen profundamente. Ahora le vemos de nuevo llorando, no solo por el gozo de la reconciliación, sino también por los oscuros recuerdos que rápidamente afloraban a su mente al mirar los rostros de sus hermanos. En la voluntad de Dios, los momentos de tranquilidad se entremezclan con otros de llanto: ambos son necesarios para refinar nuestros sueños y verlos cumplidos.

José también había estado aprendiendo que un sueño de pequeñas dimensiones puede dar como resultado una gran bendición. No tenía idea de que el suyo fuera a tener tanta influencia. Como veremos en el siguiente capítulo, el sueño de José afectó a todo el mundo conocido de su tiempo. Nadie, salvo Dios, puede saber la importancia de un sueño supuestamente insignificante.

Todos hemos tenido experiencias que considerábamos de poca importancia, pero que en realidad influyeron mucho más adelante. No podemos prever las grandes consecuencias que tendrá un solo pecado, ni tampoco las enormes bendiciones que es capaz de generar un acto de justicia.

Quizá pienses que Dios te trajo al mundo para que fueras médico, enfermera o misionero. Tal vez sea esa la vocación que Él ha elegido para ti; pero puede que la misma no constituya tu obra más duradera. Desde la perspectiva divina, el momento más importante de tu vida podría haber sido cuando, en la noche fría de un jueves, anunciaste el evangelio a una madre joven solitaria que estaba desesperada por encontrar ayuda para su familia. Gracias a tu amor y tu testimonio ella abrazó la fe y sus hijos finalmente se salvaron; y uno de ellos hasta llegó a ser un famoso misionero.

Por eso ningún creyente debe pensar jamás que esté viviendo en vano. Un vaso de agua fría dado en el nombre del Señor no pasará inadvertido. La fidelidad en las cosas pequeñas es muy importante para Dios. Un sueño aparentemente intrascendente puede sacudir a una nación entera; porque solo el Señor conoce la manera en que los acontecimientos, como fichas de dominó, interactúan en la esfera de la historia humana.

Por esta misma razón, solo el Señor sabe quiénes son las personas verdaderamente exitosas. Nadie sino Él conoce la identidad de aquellos que ejercen una verdadera influencia, ya que ningún otro sabe cómo se relacionan entre sí los acontecimientos: "Oí una voz que desde el cielo me decía: Escribe: Bienaventurados de aquí en adelante los muertos que mueren en el Señor. Sí, dice el Espíritu, descansarán de sus trabajos, porque sus obras con ellos siguen" (Ap. 14:13). Esas obras no solo los siguen hasta la tumba, sino también por toda la eternidad.

La mayoría de nosotros moriremos sin conocer los efectos de nuestros actos de fidelidad. Ni siquiera José pudo prever que la estancia de su familia en Egipto afectaría a la historia de la salvación. Su sueño resultó ser mucho más grande de lo que él jamás habría imaginado; y el futuro lo haría aún mayor. Debemos contentarnos con morir creyendo sin llegar a ver el cuadro completo.

Quizá por eso no comparezcamos ante el tribunal de

Cristo en el momento mismo de nuestra muerte, sino que lo haremos cuando Jesús vuelva. Puede que la razón de ello sea que los efectos de nuestra vida aún no habrán tenido la oportunidad de revelarse del todo. La influencia de una persona piadosa continúa durante generaciones y, finalmente, se extiende a toda la eternidad.

Un sueño aparentemente pequeño, en las manos de un Dios grande, se perpetuará en el tiempo.

CAPÍTULO 9

De un pequeño sueño
a una gran nación

Génesis 45:28—47:31

Se cuenta la historia de un técnico de mantenimiento que trepó hasta el campanario de una iglesia cierta mañana temprano para investigar un problema que había con el sistema de ventilación. Para desgracia suya, el hombre dio un resbalón y, cuando empezaba a caerse, se agarró de la cuerda que hacía sonar la campana de la iglesia. Sobra decir que despertó a toda la ciudad.

A veces la vida es así. Descubres que aun las experiencias cotidianas tienen repercusiones más allá de lo que cabría imaginar. Un pequeño acontecimiento puede traer grandes consecuencias. Recuerda que la Primera Guerra Mundial comenzó cuando el archiduque Francisco Fernando, heredero al trono del Imperio austro-húngaro, y su esposa Sofía, fueron asesinados. La muerte de dos individuos desencadenó la muerte de millones de personas más.

De forma similar, un pequeño acto de bondad puede tener consecuencias beneficiosas impredecibles. Edward Kimball, ciertamente, no tenía idea de que uno de aquellos muchachos de su clase de escuela dominical, al que le costaba mucho entender el evangelio, acabaría sacudiendo a dos continentes para Dios. A pesar de sus modestos comienzos como vendedor de zapatos, D. L. Moody se convirtió en uno de los mayores evangelistas del mundo, y su legado aún continúa.

En muchos aspectos, el sueño de José era bastante corriente: el tipo de sueño que cualquiera de nosotros podría tener. Todos hemos fantaseado alguna vez con ser el centro de atención de los demás, y soñado con que algún día otros miembros de nuestra familia llegarían a admirarnos.

Pero, por muy singular que fuera su sueño, José no tenía razón alguna para pensar que el mismo repercutiría más allá de su propia familia. ¿Quién hubiera creído que dicho sueño iba a afectar al mundo entero?

Imagínate una infinidad de fichas de dominó a la que daremos el nombre de gobierno providencial de Dios. Un acontecimiento puede a su vez desencadenar otro; y, finalmente, lo que parecía ser una palabra o un hecho olvidado acaba determinando el destino de una nación. Solo Dios sabe cómo están relacionadas entre sí tales fichas. Nosotros esperamos que las cosas vayan en una cierta dirección, pero bajo el hábil control de la providencia divina las mismas podrían dar un giro totalmente distinto: escondido entre esos sucesos fortuitos está el plan eterno de Dios. Por eso no podemos predecir todas las consecuencias que es capaz de traer aparejado un acto de bondad efectuado en el nombre de Cristo. Como dijo alguien: ¡Dios es coherentemente impredecible!

Pensemos ahora en todo lo que ocurrió para garantizar que el sueño de José se cumpliera: Dios movilizó por completo la economía de Egipto y llevó hambruna hasta las naciones vecinas. Por suerte, el Todopoderoso nunca está escaso de recursos, y lo que dice es también capaz de hacerlo.

Miles —quizá millones— de personas se vieron afectadas de alguna manera por la decisión divina de que cierto sueño tenía que cumplirse; sin embargo, a pesar de las dificultades iniciales, finalmente muchas naciones resultaron bendecidas por ella.

Bendiciones para Egipto

Egipto fue una nación mejor porque José vivió dentro de sus límites. Incluso los paganos pueden participar de las bendiciones que trae consigo la presencia entre ellos de un hombre o una mujer de Dios. El país de Egipto sería exaltado entre las naciones de la tierra por un sueño que el Señor le había dado a un muchacho de diecisiete años.

En primer lugar, la bendición que recibieron los egipcios fue *económica*. José actuó sagazmente en su trato con el pueblo. Acerca de esto leemos: "Y él reunió todo el alimento de los siete años de abundancia que hubo en la tierra de Egipto, y guardó alimento en las ciudades, poniendo en cada ciudad el alimento del campo de sus alrededores" (Gn. 41:48). Normalmente pensamos que todo el grano se almacenaría en un solo lugar; pero, en realidad, el proyecto estaba organizado de tal forma que cada distrito asumía la responsabilidad de crear sus propias reservas y luego vender el grano si era necesario.

José enseñó al pueblo la importancia de la responsabilidad fiscal. Aunque Egipto tenía reservas de grano, cuando llegó la hambruna no se dio a la gente comida a cambio de nada. Al requerirles el pago, José les estaba enseñando el principio básico de que debemos ganarnos la vida. En la jerga común de nuestros días, diríamos: "No hay tal cosa como la comida gratuita".

Al principio las personas traían su dinero para pagar. Más tarde, José les exigió: "Dad vuestros ganados y yo os daré por vuestros ganados, si se ha acabado el dinero" (Gn. 47:16). Él les proporcionaba comida a cambio de sus rebaños de reses, caballos y burros. Obviamente, la gente no tenía nada que perder: o bien hacían lo que José les decía, o bien se morían de hambre.

Al año siguiente, el pueblo regresó en busca de más grano, y dijeron a José: "¿Por qué moriremos delante de tus ojos, así nosotros como nuestra tierra? Cómpranos a nosotros y a nuestra tierra por pan, y seremos nosotros y nuestra tierra siervos de Faraón; y danos semilla para que vivamos y no muramos, y no sea asolada la tierra" (v. 19). Así que José aceptó las escrituras de sus tierras y se lo entregó todo a Faraón: "Entonces compró José toda la tierra de Egipto para Faraón; pues los egipcios vendieron cada uno sus tierras, porque se agravó el hambre sobre ellos; y la tierra vino a ser de Faraón" (v. 20).

Solo los sacerdotes no fueron obligados a vender sus tierras, ya que tenían una asignación especial del faraón. Después, cuando se repartió semilla a todo el pueblo, José pidió a la gente que labrara la tierra y, al llegar la cosecha,

diera una quinta parte de la misma a Faraón, y el resto
sería suya para plantar y comer (vv. 24-26).

Más de un intérprete ha cuestionado la sabiduría de
José al tomar todo lo que poseía la gente y dárselo a Faraón.
Todo el mundo está de acuerdo en que José no buscaba
adquirir riqueza para sí mismo, ni hubiera querido que las
personas corrientes se convirtieran en esclavos de Faraón.
Él no hubiese aprobado la idea marxista de que la gente
existe por el bien del estado y que, por tanto, debe servir
a este sin obtener a cambio ningún beneficio personal
directo e inmediato.

Aunque el pasaje no lo dice explícitamente, creo que
este plan se utilizó para conseguir una distribución más
justa e igualitaria de la riqueza de Egipto. En aquellos
tiempos, la extensión de las tierras era muy grande, y estas
se hallaban en manos de relativamente pocas personas
ricas que controlaban a las masas mediante la represión.
Se utilizaba a la gente común como jornaleros por una
suma ridícula en beneficio de los ricos. Estando ahora
toda la tierra en posesión de Faraón, se podría dividir en
partes más pequeñas para trabajarla y sacar el máximo
provecho para todo el pueblo.

No se nos dice que la tierra se le devolviera a la gente
—aunque quizá fue eso lo que ocurrió después—, pero
sí que se reasignó la misma con objeto de que, una vez
terminada la hambruna, pudiera producir a su máxima
capacidad.

Otros han señalado que en Egipto, durante ese perio-
do de la historia, reinaba la dinastía de los hicsos. Como
estos eran de origen semítico, seguramente se mostraron
más compasivos hacia José y su familia. Y Dios utilizó los

procedimientos que había instituido José para fortalecer la dinastía en cuestión; a fin de que la incipiente nación de Israel, que pronto llegaría al país, recibiera un trato privilegiado. Solo cuando esa dinastía cayó, los israelitas fueron esclavizados. Al principio del libro de Éxodo, leemos: "Entretanto, se levantó sobre Egipto un nuevo rey que no conocía a José..." (Éx. 1:8).

De cualquier forma, una vez que toda la tierra estuvo en posesión de Faraón, José repartió al pueblo semilla para que siguieran cultivándola. Salvo el impuesto de la quinta parte, las personas podían quedarse con sus cosechas. Los que eran constantes plantando y cosechando obtenían más beneficio que los perezosos. Así, la gente trabajaba para sí misma y no para el estado.

Egipto se benefició del sueño de José no solo económicamente, sino también en lo *político*. Como era el único país de la región que tenía comida, sobresalía entre las naciones del mundo antiguo. La gente, tanto dentro como fuera de sus fronteras, se alegraba de que el liderazgo egipcio hubiera tenido la previsión de planificar para la hambruna. Era cosa conocida que en las altas esferas del país había algunos dirigentes sabios.

Y todo esto ocurrió porque más de veintidós años atrás un muchacho había tenido el sueño de que sería honrado entre sus hermanos, y porque Dios —el dador de ese sueño— se encargó de que el mismo se cumpliera.

Los hebreos recibieron bendición

Los hebreos también fueron bendecidos por la gran revolución política que produjo la hambruna. A medida que el país de Egipto se transformaba en un granero, una pequeña nación situada al norte comenzaba a formarse, la cual acabaría siendo más poderosa que Egipto mismo.

Imagínate la escena cuando los hijos de Jacob regresaron para contarle a este la verdad acerca de José: "Y le dieron las nuevas, diciendo: José vive aún; y él es señor en toda la tierra de Egipto. Y el corazón de Jacob se afligió, porque no los creía" (Gn. 45:26).

Es comprensible que, al principio, Jacob se sintiera aturdido y escéptico ante aquella asombrosa noticia. Pero leemos: "Y ellos le contaron todas las palabras de José, que él les había hablado; y viendo Jacob los carros que José enviaba para llevarlo, su espíritu revivió. Entonces dijo Israel [Jacob]: Basta; José mi hijo vive todavía; iré, y le veré antes que yo muera" (v. 28).

Los carros, evidentemente cargados con lo mejor que Egipto podía ofrecer, eran la confirmación que Jacob necesitaba. Suponía algo muy distinto para el anciano oír las palabras de sus hijos y constatar la evidencia con sus propios ojos. Como Cristo, quien se acomodó a las dudas de Tomás, así también José aportó la prueba que necesitaba su padre. Sin duda, hoy tenemos razón para creer que Jesús está vivo, porque nos ha bendecido con "toda bendición espiritual" y nos ha dado el anticipo de una gran herencia. Pero, al igual que José, Él también ha provisto todo para nuestro viaje hasta que nos encontremos con Él en esa otra tierra.

Así que Jacob hizo su equipaje para emprender aquel largo viaje hacia el sur, mientras José preparaba su carro a fin de ir a reunirse con su padre en Gosén. Y en cuanto le vio, "se echó sobre su cuello, y lloró sobre su cuello largamente" (Gn. 46:29). En aquella emotiva reunión, Jacob encontró a su hijo perdido y juntos hicieron recuento de las grandes bendiciones y de la fidelidad de Dios. Y ahora —quién iba a decirlo— fue Jacob quien mantuvo una audiencia con Faraón; lo que es más: el anciano patriarca bendijo a Faraón, rey de Egipto (Gn. 47:10).

Seguidamente leemos: "Así José hizo habitar a su padre y a sus hermanos, y les dio posesión en la tierra de Egipto, en lo mejor de la tierra, en la tierra de Ramesés, como mandó Faraón" (v. 11).

Que un rey diera lo mejor de su tierra a extranjeros sería impensable en cualquier época de la historia del mundo, y mucho menos podría esperarse tal cosa de un país que era conocido por su brutalidad y su insaciable ansia de poder. Aunque los reyes hicsos ocuparan el trono, sigue tratándose de un milagro, si recordamos que los egipcios despreciaban a los pastores: la ocupación que habían elegido Jacob y sus hijos. Dios estaba actuando poderosamente, desafiando todas las leyes conocidas de la naturaleza humana.

Así que el Señor bendijo a los hebreos *geográficamente* mediante el cumplimiento del sueño de José. En su recién adoptada tierra iban a tener comida suficiente y más que suficiente. Allí se estaba plantando la semilla de una nueva nación que, con el paso del tiempo, daría como resultado una gran cosecha de bendiciones. Pero hasta que la incipiente nación se fortaleciera convirtiéndose en el pueblo que, al final, desafiase la existencia política de un futuro faraón, habría de producirse mucho sufrimiento.

Los hebreos también recibieron una bendición *profética*. Iban a ver el cumplimiento de la profecía con sus propios ojos. A fin de cuentas, estaban en Egipto por decisión de Dios: su sufrimiento formaba parte de un plan divino que culminaría con su vuelta a la tierra de Canaán.

Varias generaciones antes, Dios le había dicho a Abraham: "Ten por cierto que tu descendencia morará en tierra ajena, y será esclava allí, y será oprimida cuatrocientos años. Mas también a la nación a la cual servirán, juzgaré yo; y después de esto saldrán con gran riqueza… Y en la cuarta generación volverán acá; porque aún no ha llegado a su colmo la maldad del amorreo hasta aquí" (Gn. 15:13-14, 16).

Finalmente regresarían a la tierra donde habían vivido Jacob y sus hijos. Su estancia en Egipto duraría cuatrocientos años, entre tanto que el propósito de Dios para la nación avanzaba progresivamente, generación tras generación…

Por supuesto, ellos nunca hubieran ido a Egipto de no haber sido por la hambruna que les forzó a tomar esa decisión. El trágico viaje de José a Egipto fue el primer eslabón de una serie de acontecimientos que darían como resultado el cumplimiento de la Palabra de Dios.

Bendición para una familia

No tenemos tiempo para considerar a los hijos de Jacob individualmente, pero está claro que todos ellos recibieron varios grados de bendición de parte de Dios. Uno de ellos destaca en particular: Judá —que era uno de los peores del clan— terminó recibiendo una bendición que, en cierto modo, ha afectado al mundo entero.

En su lecho de muerte, Jacob profetizó a su hijo: "Judá, te alabarán tus hermanos; tu mano en la cerviz de tus enemigos; los hijos de tu padre se inclinarán a ti. Cachorro de león, Judá; de la presa subiste, hijo mío. Se encorvó, se echó como león, así como león viejo: ¿quién lo despertará? No será quitado el cetro de Judá, ni el legislador de entre sus pies, hasta que venga Siloh; y a él se congregarán los pueblos" (Gn. 49:8-10).

La palabra *Siloh* se interpreta mejor como "a quien pertenece"; es decir, el cetro no se le quitará a Judá hasta que venga Aquel a quien le pertenece (o "de quien es"). La tribu de Judá sería con el tiempo la que reinase y, por medio de ella, llegaría Cristo.

Judá había de recibir el territorio que incluía la ciudad de Jerusalén, donde Jesús sería crucificado y daría su vida en sacrificio por los pecadores. Allí también habrá prosperidad durante el milenio, cuando Cristo reine personalmente desde Sion.

En la visión de Juan que describe el libro del Apocalipsis, el vidente lloraba porque no había nadie digno de abrir el libro que, obviamente, era la escritura de propiedad del mundo entero. Entonces Juan sigue diciendo: "Y vi a un ángel fuerte que pregonaba a gran voz: ¿Quién es digno de abrir el libro y desatar sus sellos?" (Ap. 5:2). Pero no se encontró a nadie, ni en el cielo ni en la tierra, que tuviera las credenciales para hacerlo. Entonces, uno de los ancianos interrumpió para explicar al vidente: "No llores. He aquí que el León de la tribu de Judá, la raíz de David, ha vencido para abrir el libro y desatar sus siete sellos" (v. 5).

¡Jacob tenía razón! Judá era un cachorro de león, pero de su linaje nacería un León muy especial que prevalecería y derrotaría a sus enemigos. Este León sería también semejante a un Cordero, porque derramaría su sangre en sacrificio por los pecadores. ¡Y ese León vino de la tribu de Judá!

¿Quién era el hombre en cuestión sobre el que iban a recaer unas bendiciones tan especiales? Recuerda que Judá cometió fornicación con su nuera cuando ella se hizo pasar por una prostituta, y que fue él quien sugirió que se vendiera a José en vez de matarlo; probablemente, no porque le importara la vida de su hermano, sino por el dinero que les darían por él.

Sin embargo, a pesar de todas esas perversidades, Judá hizo una de las más hermosas súplicas de toda la Biblia pidiendo misericordia. Se convirtió, asimismo, en garante de Benjamín y consiguió el respeto de su anciano padre, a quien en otras ocasiones había engañado: Dios había cambiado el corazón de Judá.

El sueño de José estaba interrelacionado con todo esto. El Señor tuvo que reformar la economía del gran país de Egipto y usarla para captar la atención de otras naciones de los alrededores. Hubo de poner también a una incipiente nación a los pechos de otra poderosa para que sus propósitos se cumplieran. Y de los lomos del hombre que había decidido vender a su propio hermano como un vulgar esclavo, procedería un Redentor que salvaría a la gente de sus pecados.

Tú y yo recibimos bendición

Indirectamente, a ti y a mí también nos ha afectado el sueño de José. Aunque la mayoría de nosotros no somos descendientes físicos del clan de Jacob, todos y cada uno nos hemos beneficiado de su legado y de aquel hijo suyo. De Jacob —por medio de Judá— arranca el linaje de Cristo; y con la venida de Jesús, la bendición ha llegado al mundo entero.

Hoy vemos a los descendientes de aquellos doce hijos de Jacob desempeñando un papel clave en estos últimos días de la historia mundial. La nación de Israel, renacida en 1948, es una señal más de que Dios aún no ha terminado de tratar con las tribus de Israel. El pueblo que nos proporcionó a nuestro Redentor, ahora se está reuniendo sin saberlo en Israel para esperar el regreso de Jesús en gloria.

Naturalmente, también hemos sido bendecidos por el ministerio de la vida y el ejemplo de José. ¿No resulta extraordinario que Dios pensase que los detalles de esta historia eran tan importantes que debían dedicarse catorce capítulos de las Escrituras a narrar la vida de este fiel siervo suyo? ¡Poco se imaginaba este que su capacidad para superar las pruebas que Dios le había puesto iba a ser de tanto ánimo y estímulo para millones de personas a lo largo de los siglos!

Tú y yo vemos la causa y el efecto de las cosas en el mundo físico que nos rodea: observamos cómo una bola de billar golpea a otra, estudiamos el impacto de una bala… Pero hay también una relación causa-efecto en el mundo espiritual que no podemos apreciar con los ojos humanos. Dios ha ordenado una sucesión de acontecimientos que están tan inextricablemente conectados unos con otros que un determinado acto puede ser el primero de una serie que se pierda en la eternidad.

Cierto día, un niño se despertó en su cama y decidió empacar un pequeño almuerzo y seguir a la multitud hasta donde Jesús estaba hablando. Él no sabía que el Salvador usaría sus cinco panes y dos pececillos para alimentar a tanta gente, ni que durante muchas generaciones sucesivas, millones de personas leerían acerca de su pequeño acto de fe y serían bendecidas por ello.

Ni uno solo de nosotros está capacitado para saber cuál podría ser el impacto final de un acto de fidelidad. El resumen de todo esto es que los sueños que parecen insignificantes pueden resultar sumamente importantes en las manos de Dios.

No permitas que nadie te diga que tu sueño es trivial si Dios tiene que ver con él.

Capítulo 10

Tu sueño y la
providencia de Dios

Génesis 45:4-8; 50:19-20

La tarea más difícil para cualquiera de nosotros es interpretar las tragedias de la vida de tal forma que se conviertan en algo llevadero. ¡Ah, si pudiéramos leer simplemente la agenda de Dios y entender sus propósitos ocultos!

José soportó muchos sufrimientos a causa de su familia y de sus desordenadas circunstancias en Egipto; sin embargo, demostró tener una percepción y una madurez extraordinarias para ver la mano de Dios en todo lo que le ocurría. Poseía una perspectiva completa y lógica de lo que los teólogos llaman la providencia divina.

Cuando José se dio a conocer a sus hermanos, supo que estos iban a tener miedo de él y que esperarían de su parte las represalias que tan claramente merecían. Pero José les sorprendió considerando su suerte desde una perspectiva divina. Les dijo que no debían lamentarse por lo ocurrido, ya que Dios había usado aquellos acontecimientos para preservar las vidas de una multitud de personas mediante la preparación que Egipto había hecho para la hambruna reinante. Después, resumió su actitud en una sola y enigmática frase: "Así, pues, no me enviasteis acá vosotros, sino Dios" (Gn. 45:8).

La teología de José se puede resumir en dos frases: "Ustedes me vendieron, pero Dios me envió" (v. 5). Había entendido que tras la mano perversa de sus hermanos estaba la bienintencionada mano de Dios. A pesar de todo lo que se pueda decir de su teología, Shakespeare estaba cargado de razón cuando dijo: "Hay una divinidad que moldea nuestro fin, a pesar de la forma que nosotros le demos" (*Hamlet,* Acto V, ii).

¡Imagínate! La crueldad de los hermanos de José se hallaba dentro del círculo de la providencia divina. No ellos, sino el Todopoderoso, era quien le había enviado a Egipto; y él estaba allí con una misión, enviado por Dios.

Después de morir Jacob, los hermanos de José pensaron de nuevo que este quizá aprovecharía la ocasión para ajustar cuentas con ellos. Era una buena oportunidad para tomarse la justicia por su mano y asignarles el castigo que lógicamente les correspondía. Pero José volvió a darles una lección en cuanto al cuidado providencial de Dios, y les dijo que no debían temer, porque no tenía la intención de ocupar el lugar del Señor y arrogarse el derecho de impartir justicia. Y luego añadió: "Vosotros pensasteis mal contra mí, mas Dios lo encaminó a bien, para hacer lo que vemos hoy, para mantener en vida a mucho pueblo" (Gn. 50:20).

La intención de ellos era hacerle mal, ¡pero Dios lo encaminó a bien! Sus hermanos lo *vendieron*; sin embargo, en realidad, era el Señor quien le *estaba enviando*. José no dijo solamente que Dios había transformado el mal en bien para que la historia tuviera un final feliz, sino también que el hecho de que lo vendieran a los egipcios *formaba parte del plan divino*, a fin de que mucha gente salvara la vida y la familia de Jacob se trasladara a Egipto. De este modo, la voluntad perversa del hombre y la buena intención de Dios convergieron para cumplir los propósitos del Todopoderoso.

La palabra *providencia* tiene que ver con el hecho de que Dios preserva su creación y dirige todas las cosas hacia un fin señalado. El teólogo Louis Berkhof lo define como el "continuo ejercicio [por parte de Dios] de la energía divina, mediante el cual el Creador preserva a todas sus criaturas, actúa en todo lo que acontece en el mundo y dirige todas las cosas hacia su fin señalado" (*Systematic Theology*, Grand Rapids: Eerdmans, 1959, p. 166).

Dios ejerce una administración y un control premeditados sobre todas las cosas y en todo momento. Él sabe lo que está haciendo, y sus propósitos son invariablemente sabios y buenos. Todo va dirigido a la manifestación de su gloria, incluso aunque no siempre tengamos muy claro nosotros cómo logra ese objetivo.

Analicemos la doctrina de la providencia divina e intentemos entender luego lo que quiso decir José cuando afirmó que Dios era quien lo había llevado a Egipto. También habremos de comprender mejor cómo algo que tiene la intención de hacer mal puede acabar convirtiéndose en un bien.

El ámbito de la providencia

¿Cuánto de lo que ocurre en el universo cae dentro de los parámetros del cuidado providencial de Dios? La respuesta, por supuesto, es todo. Piensa en:

1. El universo físico

Que Dios regula el movimiento de los planetas y determina los patrones climatológicos se enseña claramente en las Escrituras. Por ejemplo, su interés en el universo estelar es tan particular que Él llama a las estrellas por su nombre y se asegura de que los cuerpos celestes sigan su rumbo preestablecido (Is. 40:26). Sin duda, los ejércitos celestiales se postran ante el Señor, en el sentido de que están sometidos a su soberana voluntad (Neh. 9:6): "[Dios] sustenta todas las cosas con la palabra de su poder" y "todas las cosas en él subsisten" (Col. 1:17; He. 1:3).

A veces, hasta los cristianos tenemos la impresión de que Dios ha establecido las leyes de la naturaleza y ya no las toca: si en alguna ocasión llega a intervenir, llamamos a eso "milagro". Así tenemos la idea de que el Señor solo se implica en el mundo y sus actividades ocasionalmente.

Esto, por supuesto, es una estupidez: la Biblia enseña que Dios sostiene el universo cada segundo. Momento a momento, Él lo sustenta y lo mantiene en armonía con su incesante actividad divina. Como dice Carson: "Un milagro no es una ocasión en la que Dios hace algo para producir un cambio, sino una circunstancia en la que Él realiza alguna acción fuera de lo común" (Donald Carson, *How Long O Lord?*, Grand Rapids: Baker Book House, 1990, p. 242).

Cuando las olas llegan a la orilla y cambian la configuración de la arena de una playa, es Dios quien supervisa cada una de las olas que rompen y determina la longitud y latitud de cada grano de arena. Dios está comprometido activamente con su creación. El número total de los cabellos de nuestra cabeza se está revisando constantemente: la persona común y corriente pierde unos treinta cabellos al día, aunque —evidentemente— le crecen otros nuevos.

En cuanto a los animales, Dios también les preserva la vida que les ha dado. "El hace producir el heno para las bestias, y la hierba para el servicio del hombre, sacando el pan de la tierra… Los leoncillos rugen tras la presa, y para buscar de Dios su comida" (Sal. 104:14, 21).

Nunca pensaríamos que los animales buscasen su comida "de Dios". Atribuimos sus apetitos a la naturaleza. Pero Dios supervisa todo esto como parte de su gobierno del planeta. Cuando un pajarillo cae al suelo, el Señor toma nota de ello. La naturaleza no es Dios, por supuesto, pero ejecuta sus órdenes.

2. La raza humana

A la mayoría de nosotros nos resulta fácil creer que Dios controle el universo físico, pero tenemos más dificultad para convencernos de que Él también rige las acciones y el destino de las personas.

Sin embargo, su cuidado providencial incluye a la raza humana en general y a su propio pueblo en particular. Pablo dijo que Dios da vida y aliento a todos, y que "de un solo hombre creó todas las naciones de toda la tierra. De antemano decidió cuándo se levantarían y cuándo caerían, y determinó los límites de cada una" (Hch. 17:26, NTV).

Si nos preguntamos por qué los hijos de Jafet fueron a Europa y los hijos de Cam se mudaron a Egipto, esto hemos de atribuirlo a la guía providencial de Dios: Él decidió dónde debían vivir las diversas tribus y les estableció sus fronteras.

¿Y qué de los gobiernos del mundo? Cuando el corazón del rey Nabucodonosor se llenó de orgullo, Dios decidió humillarle para que le diera la gloria a Él. Después de haber estado condenado a vivir como un animal, Nabucodonosor se arrepintió y reconoció a Dios como Soberano del universo. Aquí tenemos su confesión:

> Mas al fin del tiempo yo Nabucodonosor alcé mis ojos al cielo, y mi razón me fue devuelta; y bendije al Altísimo, y alabé y glorifiqué al que vive para siempre, cuyo dominio es sempiterno, y su reino por todas las edades. Todos los habitantes de la tierra son considerados como nada; y él hace según su voluntad en el ejército del cielo, y en los habitantes de la tierra, y no hay quien detenga su mano, y le diga: ¿Qué haces? (Dn. 4:34-35).

El orgullo había enloquecido a este rey, quien solo recuperó el juicio cuando entendió que estaba en la presencia de un Dios soberano. El Señor hace lo que quiere en este mundo y en el universo en general.

Pero si el control providencial de Dios se extiende prácticamente a todo —incluso a los seres humanos—, ¿somos nosotros, entonces, simples robots que responden a los designios divinos? ¿En qué sentido podemos decir que aquella mala acción de los hermanos de José era la voluntad de Dios? Esto nos hace abordar el difícil tema de qué entendemos por providencia divina.

La interpretación de "providencia"

Hablando en términos generales, la providencia de Dios se interpreta de dos formas distintas. El arminianismo enseña que el Señor no tiene control sobre la voluntad humana, sino que es pasivo en cuanto a las acciones de los hombres. Él permite la maldad de estos, pero no la ordena ni influye en modo alguno —ya sea directa o indirectamente— en las decisiones que se toman.

Los arminianos afirmarían que Dios pudo dar a José un sueño que predecía el futuro, pero que las acciones de sus hermanos fueron totalmente libres. En otras palabras: ellos podrían haber elegido matar a José, dejarlo en la cisterna o devolvérselo vivo a su padre. Obviamente, si hubieran elegido alguna de estas opciones, es de suponer que José habría tenido un sueño distinto. El arminianismo dice que Dios observa lo que ocurre, pero no tiene un control específico sobre ello; ciertamente, Él no puede implicarse sin violar el libre albedrío humano. Dada esta interpretación, resulta difícil entender por qué José dijo: "Ustedes me vendieron, pero Dios me envió".

Los arminianos también enseñan que los planes divinos están sujetos a las decisiones de los hombres. Por tanto, Dios no pudo haber *planeado* utilizar a José para llevar a la embrionaria nación de Israel a Egipto. Tampoco pudo haber *planeado* el momento y el método de la muerte de Cristo, ya que todo eso dependía del libre albedrío del hombre. Cualquier propósito divino específico puede verse frustrado por hombres que escojan algo distinto a lo que Dios haya planeado.

Los calvinistas, por su parte, enseñan que Dios dirige la voluntad humana mediante causas secundarias. Esto significa que todos los acontecimientos están bajo su cuidado providencial. Dios no programa a las personas para hacer el mal —como si se tratara de simples computadoras—, pero sí influye en la voluntad humana utilizando los impulsos, los deseos y las aptitudes de la gente. Por eso se dice que Él endureció el corazón del faraón —quizá utilizando a Satanás para hacerlo— y que levanta a gente malvada como los caldeos para ejecutar sus mandatos (Hab. 1:6). Estas acciones no se dejan al carácter aleatorio del libre albedrío del hombre, sino que son en última instancia dirigidas por Dios.

Los calvinistas enseñan que aunque Dios no es el autor del mal, sí lo ordena mediante causas secundarias. Insisten en que, incluso si sencillamente decimos que Dios "permite el mal", el hecho sigue siendo que Él podría haber elegido "no permitirlo"; por tanto, todas las cosas ocurren directamente dentro del ámbito de su providencia.

Todo lo que se dice que Él permite, en realidad lo ordena. Sobre esta base, la Confesión de Fe de Westminster puede afirmar que Dios manda que sucedan todas las cosas.

Los hombres siguen siendo responsables de sus decisiones, porque toman estas en función de sus propias inclinaciones y deseos, pero detrás de esas influencias está la actuación providencial de Dios. Sin embargo, Él se mantiene sin culpa, porque no es quien ejecuta el mal.

Quizá la mejor ilustración de esto sea la muerte de Cristo, la cual se llevó a cabo por el perverso deseo de hombres malvados. Aun así, esos hombres estaban cumpliendo el plan providencial de Dios: "Porque verdaderamente se unieron en esta ciudad contra tu santo Hijo Jesús, a quien ungiste, Herodes y Poncio Pilato, con los gentiles y el pueblo de Israel, para hacer cuanto tu mano y tu consejo habían antes determinado que sucediera" (Hch. 4:27-28). Aquellos hombres malvados hicieron lo que deseaban hacer, pero no eran libres de hacer otra cosa, ya que Dios había ordenado que Cristo muriese exactamente de aquella manera y en aquel momento. Sin embargo, tampoco podemos considerarlos robots que actuaran sin ningún conocimiento contumaz o mala intención; eran, pues, culpables de sus pecados.

Este equilibrio entre la soberanía divina y la responsabilidad humana ha puesto a prueba la inteligencia de nuestros mejores teólogos. Hay dos verdades que debemos creer, aunque sean difíciles de reconciliar en nuestras mentes: 1) que los seres humanos no son robots, sino criaturas responsables a las que se les pedirán cuentas de sus actos; y 2) que Dios dirige los acontecimientos de la historia para que todas las cosas se lleven a cabo según el designio de su voluntad.

El propósito de esta discusión no es resolver tal misterio, sino ayudarnos a todos a creer que las tragedias que acontecen a los hijos de Dios ocultan un fin secreto. Como no somos víctimas del destino, sino de la providencia, podemos estar convencidos incluso de que Dios puede usar el dolor y la injusticia para cumplir ese fin más elevado.

Aquí nos basta simplemente con reconocer que José comprendió que la acción pecaminosa de sus hermanos comportaba un valioso objetivo ordenado por Dios. Como ya indicamos antes, aunque simplemente dijésemos que el Señor había permitido que sus hermanos lo vendieran, el hecho obvio es que Él hubiera podido impedirlo. El plan divino, sin embargo, se llevó a cabo.

Solo una comprensión así de la providencia divina posibilitó el que José dijera: "Ustedes me *vendieron*, pero Dios me *envió*". Sí, la amargura de su experiencia en Egipto había sido la voluntad del Señor para él. José vivió lo suficiente para ver a Dios transformando el mal en bien;

pero esto habría sido cierto incluso si él no hubiera comprendido el patrón de los propósitos de Dios durante el transcurso de su vida.

Los insectos del coral trabajan en el mar, construyendo con materiales que encuentran en el océano. Ellos no entienden, ni tampoco pueden ver, lo que su trabajo producirá al final. Del mismo modo, la obra de los hombres tiene como resultado la gloria de los propósitos últimos de Dios.

Si era Dios quien había enviado a Egipto a José, ¿acaso no tenía el derecho este de enfadarse con Él por haberle provisto de un medio de transporte tan cruel? ¿Es que no había otra forma de llegar allí sin que los de su propia carne y sangre lo vendieran?

José tuvo que llegar a la conclusión —como hemos de hacerlo todos nosotros— de que él no era quien para cuestionar los planes del Todopoderoso. Esto no significa que nunca debamos expresar a Dios nuestras dudas e incluso nuestro enojo, ya que el propio David lo hizo (p. ej., Sal. 77:7-10). Cuando somos sinceros en nuestra sumisión y nuestras dudas, descubrimos que Dios derrama gracia en nuestra alma a fin de capacitarnos para soportar las pruebas. Él no ha prometido preservarnos *de* las dificultades, sino ayudarnos *en* las mismas.

José se sentía tranquilo en cuanto al misterio de la providencia divina.

Las implicaciones de la providencia

¿Y cómo afecta la providencia divina a nuestras vidas? Hagamos una pausa suficientemente larga para localizar nuestro propio sueño en el ámbito de la más amplia voluntad de Dios.

1. Finalmente, todo es de Dios

Nuestra expresión "la voluntad de Dios" tiene dos significados distintos en las Escrituras. A menudo se refiere a la voluntad revelada del Señor, su deseo para los que somos sus hijos: "Dad gracias en todo, porque esta es la voluntad de Dios para con vosotros en Cristo Jesús" (1 Ts. 5:18).

Pero a veces se habla de la voluntad de Dios en referencia a su plan más amplio para el mundo y el universo. Pablo enseñó que estábamos predestinados conforme al propósito de Aquel "que hace todas las cosas según el designio de su voluntad" (Ef. 1:11). Cuanto más caminamos con Dios, más capaces somos de entender que todo tiene un lugar asignado en su diseño supremo para el mundo. Esto no significa que le atribuyamos a Él el mal o que no asumamos nuestra responsabilidad por nuestras propias acciones. No obstante, todo ayuda a los propósitos secretos del Señor.

José tuvo la suficiente percepción espiritual para saber que las injusticias que había sufrido no habían sido desviaciones de la voluntad de Dios para él, sino que se hallaban en consonancia con el propósito divino. El Señor estuvo con él, no solo al final, sino desde el comienzo de su vida. En la cárcel —según aprendió— pudo disfrutar de un rayo de luz porque Dios estaba allí; y las cadenas no le dolieron tanto cuando el Todopoderoso las envolvió con su amor.

Hoy día podemos estar seguros de la presencia de Dios en medio de nuestro dolor, nuestra soledad y nuestras decepciones. Las circunstancias que nos rodean no necesitan mejorar para que la presencia de Dios nos consuele: Él está con nosotros hoy día tanto como lo estuvo con

José en la celda, o con Moisés en el monte Sinaí. Dichosos los que tienen la certeza de que la presencia del Todopoderoso no depende de las circunstancias fluctuantes que surgen de nuestra interacción con otras personas, o del carácter fortuito de unos acontecimientos impredecibles.

2. Dios saca bien de lo malo

Como vemos implícito en la doctrina de la providencia, creo que al final todo acto de maldad contribuirá al mayor bien hacia el cual Dios trabaja con empeño. Esto, por supuesto, es una declaración de fe, ya que no está claro para nosotros cómo Dios puede llevar a cabo una transformación tan milagrosa de los acontecimientos. Pero el Todopoderoso es capaz de tomar en sus manos un delito, un matrimonio emponzoñado o el debilitamiento causado por una enfermedad, y usarlo para su gloria.

Quizá el paso más importante para todos nosotros sea que estemos dispuestos a creer que Dios actúa en cada cosa que nos ocurre. A menudo nos rebelamos contra Él porque pensamos que no hay modo de que logre utilizar los trances difíciles de la vida para bien; pero esto fue precisamente lo que escribió Pablo: "Y sabemos que a los que aman a Dios, todas las cosas les ayudan a bien, esto es, a los que conforme a su propósito son llamados" (Ro. 8:28).

¿Incluye ese "todas las cosas" el pecado en la vida de un creyente? ¿Cómo es posible que alguien que ha destruido su familia mediante un adulterio o un divorcio, aquel que ha arruinado las vidas de otros, pueda seguir creyendo que todas esas cosas le pueden ayudar a bien?

En primer lugar, debemos saber que esta promesa está limitada a los creyentes; es decir, a los que son llamados "conforme a su propósito". Los incrédulos existen para el bien último de Dios, pero todas las cosas no les ayudan a ellos a bien. Jesús dijo de Judas: "Bueno le fuera no haber nacido".

La promesa de Pablo es para los creyentes: Dios hace que todas las cosas ayuden a bien tanto para Él como para sus hijos. Cuando pecamos, Él nos disciplina por nuestro propio bien y para su gloria. En este sentido, Él sigue obrando aun en nuestros errores y pecados y por medio de ellos, y actúa para sacar lo bueno de la maraña que le presentamos. De manera literal, Dios hace que *todas* las cosas ayuden a bien.

En segundo lugar, cuando nos sometemos al Señor damos el ejemplo más claro de cómo convergen el bien supremo de Dios y el nuestro propio, ya que Dios utiliza nuestras pruebas para hacernos más semejantes a Cristo. Por tanto, no solo podemos enfrentarnos a la vida sino también a la muerte, sabiendo que esta es para nuestro bien. "Por tanto, no desmayamos; antes aunque este nuestro hombre exterior se va desgastando, el interior no obstante se renueva de día en día. Porque esta leve tribulación momentánea produce en nosotros un cada vez más excelente y eterno peso de gloria; no mirando nosotros las cosas que se ven, sino las que no se ven; pues las cosas que se ven son temporales, pero las que no se ven son eternas" (2 Co. 4:16-18).

Las tres cosas que Pablo contrasta son: 1) el hombre exterior que se desgasta, con el hombre interior que se renueva; 2) las breves aflicciones, con la dicha eterna; y 3) el mundo físico, con el mundo invisible y perpetuo. Como resultado de estas marcadas diferencias de perspectiva, heredaremos un "peso de gloria" que sobrepasará con mucho cualquier tribulación que hayamos podido tener aquí en la tierra. Ello equivale a poner el peso de toda la tierra en un plato de la balanza y el de una pluma en el otro. Esta es la diferencia que hay entre las decepciones que sufrimos ahora y la gloria eterna que nos aguarda.

Si le preguntásemos a José si sus veintidós años de pruebas habían merecido la pena, seguro que diría: "¡Mil veces sí!". Ahora tiene toda la eternidad para disfrutar de la recompensa por sus aflicciones, y puede ver los acontecimientos de su vida desde la perspectiva eterna. Los altibajos de la misma resultaron ser para su propio bien y para la gloria de Dios.

3. Tu sueño y la providencia divina

Ya he planteado antes en este libro una pregunta que a menudo nos viene a la mente: ¿Cómo distingo yo entre mi propio sueño y ese sueño especial de Dios para mí? Esta es una pregunta fundamental, puesto que ni las circunstancias ni los fallos de otras personas pueden echar a perder para siempre el sueño de Dios para nosotros. Nuestros propios sueños se ven constantemente bloqueados, redirigidos y sacudidos por las circunstancias de la vida o por otras personas, pero si el sueño es de Dios se cumplirá a pesar de todo: podemos cobrar ánimo.

Al principio, quizá nos resulte imposible reconocer la diferencia, porque no somos capaces de ver el propósito final de Dios para nuestras vidas. En dos ocasiones distintas yo mismo me enamoré de una muchacha de quien creía firmemente que era la elección de Dios para mí, y con la cual debía casarme. Nadie hubiera podido decirme en ese momento que aquello era solo un sueño mío y no la voluntad divina. Cada una de esas dos veces tuve la seguridad de que *mi* sueño era también *el sueño de Dios*.

Pero nosotros no vemos el futuro como Dios lo ve. La prueba de que no soy omnisciente está en mi humilde confesión de que me equivoqué, me equivoqué terriblemente, al interpretar aquellos sueños. Ni la joven que conocí en la secundaria, ni aquella otra con la que salí estando en la universidad, eran el sueño de Dios para mí. ¿Cómo me di cuenta de ello?

En primer lugar, si perseguimos el sueño de Dios este sobrevivirá, mientras que nuestros propios sueños quedarán deshechos a nuestros pies. El tiempo, finalmente, revelará dónde está diferencia entre nuestros deseos y aquellos que el Señor tiene para nosotros. El sueño de Dios siempre triunfa en las vidas de quienes solo buscan su voluntad.

José había tenido un abuelo que se llamaba Isaac; y, cierto día, Dios le dijo a Abraham —el padre de este— que tomara a su hijo Isaac y se lo sacrificase en el monte Moriah. Y Abraham obedeció a pesar de sus recelos. Pero Dios perdonó la vida a Isaac en el último minuto, enviando a un ángel para que impidiese aquel sacrificio. Isaac suponía el cumplimiento del sueño divino para Abraham; no es de extrañar, por tanto, que la vida del muchacho fuera rescatada. Dios tenía un plan para ese joven el cual tenía que cumplirse.

El Señor nunca se siente inseguro cuando le entregamos nuestros sueños, por muy destrozados o incompletos que estos puedan estar. Él es especialista en tomar lo que le damos y sacarle el mayor partido posible, siempre que se trate de algo totalmente suyo. Como dice el proverbio: Dios puede recomponer cualquier vida si le entregamos todas las piezas.

En segundo lugar, aunque nuestros sueños sean por lo

general externos (casarnos, lograr un ascenso, tener una profesión emocionante), el principal sueño de Dios para nosotros es siempre que nuestro carácter se desarrolle y que profundicemos en nuestra relación con Él. Es cierta esa vieja frase estereotipada de que al Señor le interesa más lo que somos que aquello que hacemos.

Dios tenía muchos otros sueños para José los cuales no se nos revelan en la Biblia. El joven debía ser fiel en medio de la soledad, mantenerse puro cuando fuera tentado, y permanecer humilde en su exaltación. Tales sueños del corazón son más importantes para Dios que las imaginaciones de nuestra cabeza.

Por esta razón, incluso aquellos que han visto cómo sus sueños se hacían pedazos, pueden cobrar ánimo: Dios aún tiene un sueño para ellos. A la mujer junto al pozo, que había visto desvanecerse cada uno de sus sueños debido a una serie de matrimonios fracasados, Cristo pudo prometerle el recurso interior de la vida eterna. Sin duda, ella aún podía ser una adoradora del Todopoderoso y contar con su benevolente atención: "Mas la hora viene, y ahora es, cuando los verdaderos adoradores adorarán al Padre en espíritu y en verdad; porque también el Padre tales adoradores busca que le adoren" (Jn. 4:23).

Si concebimos el sueño de Dios para nosotros como un anhelo del alma y no como el de una carrera profesional, podemos entender que Él siga teniendo un propósito para nosotros, independientemente de cuál haya sido nuestro pasado. José comprendió que ese sueño interior constituye la preparación para el sueño externo del logro personal. A veces, nuestros sueños de *hacer* cosas han de convertirse en sueños de *ser* como debemos.

Cuando intentamos distinguir entre nuestros sueños

y aquellos que Dios tiene para nosotros, el único recurso que nos queda es entregarle a Él todos esos sueños y dejar que sea Él quien decida cuáles han de sobrevivir: aquellos que serán capaces de permanecer a pesar de las circunstancias de la vida. La pregunta que debemos hacernos es: ¿Podemos estar satisfechos con el cumplimiento de los sueños interiores que Dios nos ha dado en cuanto a nuestra intimidad con Él aunque el resto de nuestros sueños no se cumplan?

Moisés —en mi opinión— es un ejemplo excelente de esto. Su sueño de llegar a ser un líder en Egipto quedó hecho añicos al identificarse con su propio pueblo y matar a un egipcio. Exiliado en Madián, se convirtió en pastor de ovejas: una ocupación en sí misma repugnante para los egipcios (Gn. 46:34). Seguro que aquello debió de ser una fuente de frustración para él: había estudiado jeroglíficos, química, matemáticas y astronomía, y ahora tenía que dejar a un lado todas esas aptitudes para hacer lo que —según le habían enseñado— era detestable. ¡Si hubo alguna vez alguien a quien le sobrara preparación para desempeñar su cargo ese fue Moisés!

Sin embargo, Moisés comprendió —como debemos hacerlo todos nosotros— que hay algunas lecciones que no se aprenden en un palacio sino en un desierto. A veces Dios permite que nuestros sueños se derrumben, para que podamos reorientar nuestra atención hacia las cualidades interiores del alma, que tienen para Él mucho más valor que nuestros logros.

Tanto Moisés como José aprendieron que la verdadera pregunta no es si vamos nosotros a lograr o no nuestro sueño, sino más bien si Dios logrará el suyo. Así que el

Señor utiliza la injusticia, el dolor y las lágrimas para lograr sus metas en nuestras vidas.

José pudo decir que lo que sus hermanos habían ideado para mal, Dios lo utilizó para bien. Mirando retrospectivamente, él no había sido *vendido*, sino *enviado* a Egipto. ¡Y fue Dios quien lo envió!

Dichosos aquellos que tienen la fe suficiente para comprender que incluso los males que nos infligen los hombres están incluidos en el plan de Dios, y forman parte del cuadro general de su voluntad.

Lo que no podemos soportar si viene de manos de hombres, se hace llevadero cuando lo recibimos de manos de Dios.

CAPÍTULO 11

El sueño produce su fruto

Génesis 49:22-26

La razón del éxito de José debemos buscarla en Dios y no en el hombre mismo. El Señor lo eligió y capacitó para una misión muy importante en la historia de Israel, y sus logros —como los de cualquier otro hombre o mujer de Dios— deben atribuirse directamente al amor del Todopoderoso.

Esto no quiere decir, claro está, que podamos culpar a Dios si nuestras vidas están llenas de fracasos y pecados. Pero lo cierto es que cuando decidimos vivir rectamente ello se debe a que Dios ha obrado en nuestro corazón y nos ha dado la gracia para hacer lo que Él manda. Incluso la fidelidad de José es mérito de Aquel que le capacitó para ser obediente en circunstancias poco menos que imposibles.

El papel de José consistió en ser sensible al plan divino. No porque le resultara agradable —en proporción había más dolor en el mismo que placer—, sino porque podía ver las huellas de Dios en las experiencias cotidianas de su vida: sabía que el Señor estaba con él.

Cuando Jacob se estaba muriendo, bendijo a sus doce hijos. Y escucha lo que dijo acerca de su amado José:

> Rama fructífera es José, rama fructífera junto a una fuente, cuyos vástagos se extienden sobre el muro. Le causaron amargura, le asaetearon, y le aborrecieron los arqueros; mas su arco se mantuvo poderoso, y los brazos de sus manos se fortalecieron por las manos del Fuerte de Jacob (por el nombre del Pastor, la Roca de Israel), por el Dios de tu padre, el cual te ayudará, por el Dios Omnipotente, el cual te bendecirá con bendiciones de los cielos de arriba, con bendiciones del abismo que está abajo, con bendiciones de los pechos y del vientre (Gn. 49:22-25).

¡José fue una rama fructífera! Podemos conocer un árbol por su fruto. Incluso el lego en la materia es capaz de pasar por un huerto de árboles frutales y reconocer los naranjos por el fruto que cuelga de sus ramas. Considera la vida de fe, obediencia y bondad de José y verás que a esa rama la sustentaban unas raíces especiales.

Por desgracia, la mayoría de nosotros hemos pensado que José era alguien tan especial, tan santo, que no tenemos esperanza alguna de ser como él. Pero José estaba sujeto a las mismas debilidades y tentaciones que cada uno de nosotros. Quizá Dios le diera una medida suplementaria de gracia porque su situación era sumamente desesperada y su necesidad del Señor inconmensurable. Sencillamente, José no tenía más opción que depender de Dios.

Nuestros privilegios espirituales son en realidad mayores que los de José; sin embargo, lo vemos a él como un ejemplo y aprendemos de sus experiencias. ¿Qué le hizo ser tan fructífero para que las generaciones futuras —incluida la nuestra— resultaran bendecidas por la coherencia de su vida y de su fe?

Aquí tenemos algunas condiciones que convirtieron la vida de José en un modelo de feracidad y bendición.

Estaba plantado en el lugar correcto

Su padre dijo de él: "José es una rama fructífera junto a una fuente". Los árboles no crecen en los desiertos a menos que sus raíces encuentren una corriente de agua, pero José conocía el valor de los recursos escondidos.

Como recordarás, José no podía encontrar en su familia el ánimo y el alimento espiritual que necesitaba. No tenía amigos íntimos que caminasen con Dios, y sus hermanos eran una deshonra. Sin un modelo que imitar, carecía de mentor para su desarrollo moral y espiritual.

Todavía más inquietante fue que, cuando lo vendieron como esclavo a la edad de diecisiete años, José se topó con una cultura que era activamente hostil a su fe personal. La religión de Egipto era politeísta —los egipcios creían en muchos dioses—, con una obvia participación en el ocultismo. Adorar según aquellos rituales paganos era lo que se esperaba de todos y, con frecuencia, lo que se les exigía.

Sin embargo, a pesar de todas estas cosas, José se mantuvo firme, creyendo en el Dios de su padre. Pasó por sus variadas experiencias sin comprometer ni traicionar su fe. Sabía que, aunque hubiera dejado a su familia en Canaán, Dios había cruzado la frontera de Egipto con él.

José había aprendido a mantener unas líneas de aprovisionamiento espiritual independientes que no se vieran afectadas por los fallos de su familia o por el paganismo manifiesto que le rodeaba. Estaba plantado en el lugar correcto.

Algunos árboles quizá se alcen sobre buena tierra, pero sus raíces están demasiado cerca de la superficie y no pueden soportar el azote de la sequía y del viento. Sin embargo, las raíces de José eran hondas; si hubieran sido superficiales, él no habría recibido el alimento necesario para dar fruto. Sus raíces se hundían profundamente en el suelo de la fidelidad de Jehová. Y allí permaneció, a pesar de lo seca que pudiera ser la tierra a su alrededor o lo fuerte que soplaran los vientos.

Cientos de años después, el profeta Jeremías contrastaría las vidas de quienes dependen del hombre para su ayuda y quienes acuden a Dios en busca de su fortaleza personal. Escucha esta descripción de esos dos tipos de árboles:

> Así ha dicho Jehová: Maldito el varón que confía en el hombre, y pone carne por su brazo, y su corazón se aparta de Jehová. Será como la retama en el desierto, y no verá cuando viene el bien, sino que morará en los sequedales en el desierto, en tierra despoblada y deshabitada (Jer. 17:5-6).

La retama en el desierto es estéril, infructuosa y de poco valor. Depende totalmente de la lluvia (o de la falta de ella) en la zona, y no tiene mecanismos de defensa cuando llega la sequía. Así son los que confían en sí mismos, pues fluctúan con las circunstancias de la vida al no contar con reservas secretas.

Y aquí viene el contraste con los que conocen a Dios:

Bendito el varón que confía en Jehová, y cuya confianza es Jehová. Porque será como el árbol plantado junto a las aguas, que junto a la corriente echará sus raíces, y no verá cuando viene el calor, sino que su hoja estará verde; y en el año de sequía no se fatigará, ni dejará de dar fruto (Jer. 17:7-8).

Alguien me ha dicho que los árboles robustos tienen un sistema de raíces debajo de la superficie tan extenso como el tronco y las ramas que se ven por encima de la tierra. Así también José desarrolló su relación secreta con Dios para poder lidiar de manera eficaz con la adversidad, permaneciendo firme interiormente ante cualesquiera circunstancias externas que se le presentaran. Los percances le hacían doblarse, pero no lo partían; y al final resultaron beneficiosos para él.

Tú y yo hemos conocido a muchas personas que se han vuelto resentidas y amargadas por causa de las dificultades que han sufrido. Debemos cuidarnos bien de no juzgarlas, porque no podemos estar seguros de cómo reaccionaríamos nosotros si hubiéramos de llevar sus cargas. Por otro lado, hay algunos hijos de Dios que han acreditado que las pruebas pueden contribuir a hacernos *mejores* y no *peores*.

José demostró que se puede estar plantado junto a una corriente de agua incluso en medio de una cisterna seca, y a ti también te es posible contar con un arroyo que te refresque aunque estés encadenado en una celda desnuda. Ninguna pared puede separarte de Dios, ni influencia pagana alguna es capaz de apartarte de Él. Dios está siempre ahí para sostener a su pueblo.

Los que obtienen sus fuerzas de las circunstancias

se marchitan cuando llega la sequía, pero quienes cuentan con recursos independientes pueden sobrevivir a la monotonía y el azote de la candente arena.

Contaba con la climatología apropiada

Aunque las plantas difieran unas de otras en cuanto al tipo de atmósfera que necesitan para alcanzar su máximo desarrollo, hay ciertas cosas básicas que toda vegetación precisa.

Primero, debe contar con suficiente sol para elaborar sus nutrientes. Las hojas de los árboles y las plantas contienen clorofila, la cual, cuando se combina con la luz solar, forma almidones y azúcares. Por supuesto, todo esto debe mezclarse con el agua procedente de las raíces y el dióxido de carbono del aire. Este proceso, conocido como fotosíntesis, produce el crecimiento que da fruto. Las plantas que crecen a la sombra pueden tener muchas hojas, pero rara vez proporcionan fruto debido a la falta de sol.

Pero la oscuridad también es necesaria: las plantas no crecen por la noche, sino que descansan y asimilan el alimento que han obtenido durante el día. Sin la oscuridad, el delicado proceso de la fotosíntesis se truncaría impidiendo el crecimiento de la planta.

En segundo lugar, una planta necesita viento para fortalecerse y desarrollarse del todo. Las mejores plantas no siempre crecen en los invernaderos. Proteger una planta de la fatiga causada por las inclemencias del tiempo es, a la larga, perjudicial para ella, no beneficioso.

Finalmente, el que la vid lleve fruto depende del cuidado con que se pode. La poda impide que el árbol gaste su energía echando hojas o criando una fruta mal formada, y se concentre en dar el tipo de uvas que el viñador desea. Ya hablaremos más acerca de esto.

Dios, claro está, es nuestra luz solar, de la que obtenemos nuestra fortaleza. Él nos proporciona bendiciones suficientes para animarnos, y pruebas también suficientes para que nos acordemos de nuestra constante necesidad de su gracia. Dios nos provee de todo aquello que precisamos para crecer para Él.

Vuelve a pensar en la vida de José y descubrirás una mezcla de luz solar, oscuridad y vendavales. En Egipto, experimentó tanto la exaltación como la humillación. Fue comprendido e incomprendido; se animó y se desanimó… A veces, José podía reconocer el plan de Dios y, otras veces, este quedaba oscurecido por los percances que se producían a una velocidad inesperada.

Pero, con todo ello, la planta de Dios estaba creciendo y desarrollándose para convertirse en una rama que produciría el precioso fruto divino en la tierra y, por último, en el cielo. José echaba flores cerca de Dios.

Cuando el Señor eligió para José la tierra de Egipto, su decisión se fundamentó en los propósitos y planes del Todopoderoso, no en si aquello alegraría o entristecería a su siervo. De hecho, la buena voluntad de Dios es lo que guía principalmente todas sus decisiones. Pero cuando José pudo contemplar su vida desde una perspectiva eterna, quedó claro para él que los propósitos de Dios y su propia felicidad, en última instancia, coincidían, puesto que lo que es mejor para Dios también lo es para nosotros. Si producimos fruto espiritual, Dios recibe gloria y nosotros nos sentimos realizados.

Las plantas que no desarrollan un buen sistema de raíces pronto se marchitan y mueren. El desierto, sin embargo, no puede matar aquellas plantas que están situadas cerca de una corriente de agua. Lo que importa son las raíces que tengan dichas plantas.

Dio fruto en el tiempo adecuado

En el Salmo 1, David escribió que la persona que medita en la Palabra de Dios "será como árbol plantado junto a corrientes de agua, que da su fruto en su tiempo" (Sal. 1:3).

En diferentes periodos de nuestra vida producimos distintos tipos de fruto. A veces damos el fruto de la paciencia; otras veces necesitamos dar el fruto del perdón. Hay tantos tipos de fruto como desafíos en la vida. El Nuevo Testamento nos enseña que la esencia del fruto del Espíritu Santo es "amor, gozo, paz, paciencia, benignidad, bondad, fe, mansedumbre y templanza" (Gá. 5:22-23).

Echa un vistazo al fruto que agrada a Dios y verás claramente que lo primero y más importante de todo es el desarrollo del carácter, la capacidad de descansar en las apacibles manos del Señor. José logró confiar incluso cuando no había una clara evidencia de que Dios se interesara por él. No dejó que la amargura del rechazo paralizase su capacidad de trabajar para Potifar o le hiciera pensar que la vida ya no tenía sentido. Conservó su pureza moral solamente porque el Dios invisible era más real para él que la hermosa mujer que tenía delante invitándole al placer sexual. Ni siquiera su injusto encarcelamiento conmovió su fe en que Dios estaba con él.

Cuando José salió de la cárcel y fue ascendido a segundo gobernante de Egipto, no hay indicio de que intentara castigar a la mujer de Potifar por la mentira que había dicho acerca de él. Ya fuera en la cisterna, la prisión o el palacio, José aceptó sus circunstancias como la voluntad del Dios a quien amaba.

Tampoco cuando tuvo la oportunidad de vengarse de sus crueles hermanos levantó un dedo contra ellos, sino que encomendó todo el asunto a Dios, creyendo que al final el Juez Supremo haría justicia. Mucho antes de la venida de Cristo a la tierra, José entendió lo que significaba amar a sus enemigos.

El carácter —dijo D. L. Moody— es aquello que somos en la oscuridad. José fue, por encima de todo, un hombre de carácter. Cuando pensamos en ello, nos damos cuenta de que ese carácter solo puede adquirirse en un marco de decepciones y sueños personales rotos. Se trata, a fin de cuentas, de la capacidad para retener e incorporar la fe en Dios sean cuales fueren las circunstancias.

Cuando Jacob describió la rama de José con vástagos que "se extienden sobre el muro", creo que se refería a que su hijo era una bendición para otras personas y no solo para sus familiares inmediatos. Sin duda, toda la nación de Egipto resultó bendecida por su sabio consejo y su planificación: una vida fructífera tiene ramas que se van en muchas direcciones distintas. Recuerda que el segundo hijo de José se llamaba Efraín, que significa "fructífero"; de modo que el hijo predilecto de Jacob siguió extendiendo su bendición por medio de sus propios hijos.

O tal vez Jacob se refiriera a que la influencia de José perduraría aun después de que hubiera muerto. Incluso si un muro le separaba de esta vida, él seguiría bendiciendo a las generaciones futuras. Cualquiera que sea la interpretación de las palabras de Jacob, todo se reduce a lo mismo: José habría de tener una influencia mayor de la que jamás pudiera haber imaginado.

Cuando somos fructíferos, nuestras ramas se extienden más allá de nuestra propia familia e incluso de nuestra propia comunidad. No hay pared tan alta que nuestros vástagos no puedan sobrepasar para llevar fruto al otro lado de ella.

Se le podó correctamente

Cualquier horticultor te explicará que la poda es necesaria. Cuando Cristo nos exhortó a dar fruto, dijo: "Todo pámpano que en mí no lleva fruto, lo quitará; y todo aquel que lleva fruto, lo limpiará, para que lleve más fruto" (Jn. 15:2).

Ya hemos subrayado que las circunstancias de la vida podaron a José de modo que fuese una bendición para futuras generaciones. Como todos los viticultores, Dios a veces parecía no tener misericordia alguna en su trato con José.

Para el observador casual, la poda —o el "cortar" los vástagos— puede parecer un desperdicio, pero aún mayor desperdicio sería dejar crecer las hojas verdes. La única forma de generar fruto es deshaciéndose del follaje con el afilado cuchillo del podador.

Cuando contemplas una vid inmediatamente después de habérsele cortado los pámpanos, la impresión que te da es que el podador ha sido absolutamente despiadado. Las hojas verdes brillantes están esparcidas por el suelo, y los tallos desnudos casi parecen sangrar por causa del afilado cuchillo. Para el ojo inexperto, aquello parece un desperdicio; pero ni un solo corte se ha hecho al azar. Como dijera Alexander Maclaren: "No se cortó nada que no fuera superfluo y no sirviera para nada; y todo se hizo de manera artística, científica y con el propósito de que la planta pudiese dar más fruto" (*With Christ in the Upper Room*, Grand Rapids: Baker Book House, p. 172).

Jesús enseñó que los pámpanos que no daban fruto se cortaban y quemaban en la hoguera. Esto significa, bien que no se trataba de verdaderos pámpanos o que se estaba haciendo referencia al fuego del tribunal de Cristo. En resumen: si no estamos dando fruto, Dios no ve razón alguna para que vivamos.

F. B. Meyer dice que el Señor usa un cuchillo que hiende profundamente nuestra naturaleza, y que ese proceso "dejará cicatrices que tardarán años en sanar, o incluso en disimularse. Tan grandes son las podas primaverales que más son los pámpanos que se quitan que los que se dejan; y de los restos que cubren el suelo, se dice que no valen más que para ser echados en el fuego" (*Joseph*, p. 131). Esto nos da una idea de cuán desesperadamente desea el viñador que haya fruto.

El fruto es el producto de lo que Dios puede hacer, no de lo que tú o yo seamos capaces de fabricar. Por esa razón, el Señor debe cortar todo aquello que supone un estorbo para su obra en nuestros corazones.

José demostró que el dar fruto no depende de dónde estemos, sino de la profundidad de nuestras raíces interiores. No tiene que ver con lo que nosotros logremos para Dios, sino de lo que le permitamos a Él lograr en nosotros.

Piensa de nuevo en un ardiente e interminable desierto de arena y gravilla. La tierra resquebrajada llega hasta donde nuestros ojos alcanzan a ver; pero en la distancia hay un árbol, y una mirada más de cerca nos revela que dicho árbol tiene un fruto hermoso y sabroso para el cansado viajero.

La incompatibilidad del estéril entorno con la belleza

del árbol en cuestión es suficiente para captar la atención de cualquier observador. Todo el que ve este panorama, se pregunta: ¿De dónde saca ese árbol su vitalidad? El visitante siente una inmediata curiosidad por sus recursos escondidos.

Nuestras vidas —como la de José— deberían desafiar a la naturaleza; no tendría que haber una explicación sencilla para nuestro comportamiento controlado en medio de la adversidad. Alguien ha dicho que cuando no nos queda nada más que Dios, es cuando entendemos que Él es suficiente.

El fruto de los árboles perece rápidamente, pero el fruto del corazón dura por la eternidad. Ojalá que nosotros —al igual que José— seamos fieles, a fin de poder llevar fruto en toda buena obra.

El sueño de Dios para nosotros siempre conlleva ese fruto que Él anhela tanto.

CAPÍTULO 12

El legado del sueño de un hombre

Génesis 50

"El mal que los hombres hacen perdura después de ellos. El bien, a menudo, es enterrado con sus huesos", escribió Shakespeare (*Julius Caesar*, III, ii, 79).

Aunque una frase tan pesimista es propia de un hombre inconverso, resulta inadecuada para los que pertenecen al Todopoderoso. Sí, el mal que hacemos pervive cuando nosotros morimos, pero también lo hace el bien. Sin duda, el bien que realizamos tendrá repercusiones en la eternidad; porque según el modo en que sirvamos al Señor aquí se nos asignará un lugar en el reino de Dios. Incluso un vaso de agua fría dada en el nombre del Señor no pasará desapercibido en el mundo venidero.

José tenía ahora 110 años, y su fortaleza se había esfumado con la edad. Habían pasado noventa y tres años desde que sus hermanos lo vendieran; ochenta años atrás se había presentado ante el faraón; y unos setenta y dos años antes se reunió de nuevo con sus hermanos. Pero ahora era un anciano, y su padre Jacob llevaba muerto cincuenta y tres años.

Es interesante que el autor de Génesis haya guardado silencio sobre los últimos cincuenta y tres años de la vida de José. Lo único que se nos dice es que vivió lo suficiente para ver a sus nietos y bisnietos. Esto podría significar que su papel en Egipto había disminuido con el paso de los años. A medida que el poder pasaba de un faraón a otro, José fue desapareciendo de la escena.

Pero antes de morir dio un mensaje profético: "Yo voy a morir; mas Dios ciertamente os visitará, y os hará subir de esta tierra a la tierra que juró a Abraham, a Isaac y a Jacob" (Gn. 50:24). Después hizo que los hijos de Israel jurasen que una futura generación llevaría sus huesos de Egipto a la tierra prometida: "Dios ciertamente os visitará, y haréis llevar de aquí mis huesos" (v. 25).

Esta petición le dio entrada en el salón de la fama del Nuevo Testamento que encontramos en Hebreos 11: "Por la fe José, al morir, mencionó la salida de los hijos de Israel, y dio mandamiento acerca de sus huesos" (v. 22). Aquel mandamiento fue un gesto de fe: José creía que Dios iba a cumplir su palabra y que, finalmente, la nación regresaría a la tierra de la promesa.

El funeral de José parece haber sido discreto en comparación con el de su padre. Cuando murió Jacob, aquello supuso una gran noticia en todo Egipto. Por petición de José, los siervos del faraón y los ancianos de su casa, y todos los ancianos de la tierra de Egipto, y toda la casa de José, regresaron a Canaán para enterrarlo.

Pero al morir José, el recuerdo de su gran programa para paliar la hambruna estaba ya muy debilitado. Así que solo leemos: "Y murió José a la edad de ciento diez años; y lo embalsamaron, y fue puesto en un ataúd en Egipto" (Gn. 50:26).

El proceso de embalsamar a alguien era una ciencia compleja en Egipto. Se le quitaban los órganos internos y se rellenaba la cavidad corporal de ungüentos y especias. Después, se esparcía sobre el cuerpo de la persona una sustancia especial pegajosa, y el muerto iba generalmente acompañado de piezas de oro y de otros objetos a modo de preparación para la vida eterna.

El deseo de José se vio cumplido. Casi cuatrocientos años después tenemos el relato de lo que ocurrió: "Tomó también consigo Moisés los huesos de José, el cual había juramentado a los hijos de Israel, diciendo: Dios ciertamente os visitará, y haréis subir mis huesos de aquí con vosotros" (Éx. 13:19).

¿Por qué era importante para José que se llevaran sus huesos a Canaán cientos de años después? Cuando pensamos en el contexto en que se hicieron estos comentarios, nos damos cuenta de su importancia…

José se enfrentaba a la muerte

Cuando murió Jacob, alrededor de José estaban sus hermanos, quienes aún temían que él pudiera vengarse por el mal que le habían causado. Pero José les ofreció consuelo y seguridad: "Ahora, pues, no tengáis miedo; yo os sustentaré a vosotros y a vuestros hijos. Así los consoló, y les habló al corazón" (Gn. 50:21). José no tuvo palabras de condenación para aquellos que le habían hecho daño, ni hizo recordatorio alguno de la injusticia de que había sido objeto. Simplemente los animó.

Ahora que él mismo se estaba muriendo, tenía a su lado

a sus hijos y nietos, quienes habían escuchado la historia de su fe en la adversidad. Para sus hijos no tenía ninguna predicción específica, contrariamente a lo había sucedido en el caso de su padre, pero a todos les dio una palabra de ánimo. Dios cumpliría su pacto, y la nación regresaría por último a la tierra de Canaán. No había duda alguna en cuanto a que su estancia en Egipto, a pesar de todas las dificultades, resultaría en una victoria final.

Observa que este hombre moribundo no estaba preocupado por sí mismo en los últimos momentos de su vida, sino que mencionó la fidelidad de Dios y la certeza de su Palabra. Su petición de que lo embalsamaran para poder llevar sus huesos de regreso a la tierra de Canaán, se hizo solo como un recordatorio necesario del hecho de que Egipto no habría de ser el hogar permanente de los israelitas.

La serenidad con que José aceptó su muerte resulta instructiva. Dos frases que deberían acompañarnos siempre cuando llegamos a los últimos días de nuestra vida son: "Estoy a punto de morir, pero Dios…". No se dice nada en cuanto a quien iba a ser el sucesor de José, pero Dios cuidaría de su pueblo. Estaba claro que José no creía que su propio futuro o el de su nación lo fuera a determinar el látigo de algún faraón egipcio, sino únicamente la fidelidad del Señor. Una generación viene y otra va, pero solo Dios permanece.

Dicho esto, José murió conforme a la fe, sin haber visto cumplidas las promesas, pero sabiendo que estas se cumplirían. Para él, eso era suficiente.

Los israelitas conocieron la esclavitud

Cincuenta y tres años antes, cuando murió Jacob, se celebró un gran funeral por él, pero no leemos que hubiera un acontecimiento tan espléndido cuando falleció José. Los años habían producido grandes cambios en la tierra. Los favores que la incipiente nación había disfrutado se estaban eclipsando. El siguiente relato de lo que sucedió aparece en el libro de Éxodo: "Entretanto, se levantó sobre Egipto un nuevo rey que no conocía a José" (Éx. 1:8); y después leemos la aterradora narración de cómo ese nuevo rey puso en práctica sus planes para destruir a los judíos que estaban en Egipto. Estos habrían de ser aún víctimas de la esclavitud, los azotes y el infanticidio.

Quizá ahora, mientras José aún vivía, el murmullo de oposición contra su pueblo había empezado ya; y puesto que el sol estaba comenzando a ponerse y la noche se aprestaba a cubrir la tierra, las palabras de José se hacían incluso más necesarias para proporcionar un atisbo de esperanza.

Piensa en la inspiración que representarían aquellos huesos insepultos para los israelitas. Mientras los capataces egipcios azotaban las espaldas de los desafortunados esclavos, estos se acordarían de los restos de José que estaban a la espera de ser llevados de regreso a su tierra. Aunque miles de israelitas tendrían que morir, y otros quedarían lisiados, una futura generación saldría de Egipto con los huesos de José para ver cumplida la promesa de Dios.

El pueblo experimenta finalmente la liberación

En el comienzo de Éxodo, se nos presenta el sufrimiento de los descendientes de Jacob y de José. En el fuego de la aflicción Dios estaba preparando una vasija especial, e iba a utilizar finalmente la persecución para fortalecer a aquella pequeña nación por medio de dificultades, injusticias y, en muchos casos, la muerte. En un intento de genocidio, el nuevo faraón promulgó unas duras ordenanzas: "Entonces pusieron sobre ellos comisarios de tributos que los molestasen con sus cargas… Y los egipcios hicieron servir a los hijos de Israel con dureza, y amargaron su vida con dura servidumbre, en hacer barro y ladrillo, y en toda labor del campo y en todo su servicio, al cual los obligaban con rigor" (Éx. 1:11, 13—14).

Durante esos tiempos Dios estaba revelando su fidelidad, aunque no fuera evidente para el pueblo. Ante todo, Él estaba formando una gran nación que finalmente obtendría la victoria sobre el faraón y, después, expulsaría a los cananeos de la tierra prometida.

Por otro lado, Dios estaba protegiendo a Israel del exterminio mediante la acción de las parteras, que rehusaban ahogar a los varones recién nacidos como había ordenado el rey.

Pero quizá la señal más clara del cuidado providencial de Dios fue el nacimiento de Moisés; a quien, cuando tenía tres meses, metieron en el Nilo como el rey había ordenado, ¡pero lo pusieron allí en una cesta de mimbre cubierta de brea e ideada para que flotase junto a los juncos del río!

Cuando la hija del faraón encontró a Moisés, la hermana de este —que había permanecido cerca— sugirió que un ama de cría hebrea cuidara del niño. Así, de manera insólita, la propia madre de Moisés actuó como su ama de cría y cuidó de él, al tiempo que por hacerlo le pagaban con el dinero del propio faraón. Finalmente, llevaron a Moisés a la corte, donde recibió la mejor educación del país.

Cuando, por último, Moisés se presentó para sacar a los israelitas de Egipto, también llevaron consigo los huesos de José. Una caravana de dos millones de personas salió del país y, en medio de todo aquel tumulto, iba un ataúd con los restos mortales del hijo predilecto de Jacob. Durante esos cuarenta años de vagar por el desierto, el ataúd de José acompañó siempre al pueblo.

Finalmente, cuando Josué hubo conquistado la tierra de los cananeos mediante una serie de campañas militares, dio al pueblo sendos discursos de despedida, animándolo a servir al Señor y, poco después, murió y fue enterrado.

En ese mismo relato leemos acerca de los huesos de José: "Y enterraron en Siquem los huesos de José, que los hijos de Israel habían traído de Egipto, en la parte del campo que Jacob compró de los hijos de Hamor padre de Siquem, por cien piezas de dinero; y fue posesión de los hijos de José" (Jos. 24:32).

Los huesos del hijo amado de Jacob habían cumplido su propósito como recordatorio constante de la fidelidad de Dios. El sueño de José se había hecho realidad de maneras que él jamás hubiera previsto.

Si bien los huesos de José sirvieron de estímulo a los israelitas, lo que nos alienta a nosotros es una tumba vacía.

Cierto día, unos discípulos iban andando de Jerusalén a Emaús, muy decepcionados de Jesucristo. Habían creído que Él iba a ser quien liberase a Israel, que Él era el Mesías. Pero acababan de clavarlo en una cruz, ¡qué trágico final para una vida hermosa!

Mientras andaban iban llorando, y por el camino se encontraron con un extraño que les hizo las siguientes preguntas: "¿Qué pláticas son estas que tenéis entre vosotros mientras camináis, y por qué estáis tristes?" (Lc. 24:17).

Luego se nos cuenta cómo sus esperanzas se habían roto en mil pedazos. Ellos habían creído que Jesús era el Mesías, pero Él los había decepcionado muriendo en una cruz a las afueras de Jerusalén. Para aumentar la desilusión de los discípulos, estaba el hecho de que ahora ni siquiera sabían dónde estaban sus restos. Las mujeres que habían ido al sepulcro no habían visto su cuerpo, pero les contaron que "habían visto visión de ángeles, quienes dijeron que él vive. Y fueron algunos de los nuestros al sepulcro —añadieron ellos—, y hallaron así como las mujeres habían dicho, pero a él no le vieron" (vv. 23-24).

Estaban buscando los huesos de Jesús, pero no los encontraron.

Nosotros no contamos con unos huesos insepultos para fortalecer nuestra fe, ni para renovar nuestro decaído celo, sino con algo mucho mejor: ¡una tumba vacía! Se ha señalado que cuando murió Juan el Bautista, sus discípulos se dispersaron; pero después de la muerte de Jesús, sus discípulos salieron a conquistar el mundo. La diferencia estaba en aquella tumba vacía situada en el huerto de José de Arimatea.

Si alguna vez se nos olvida que no somos de este mundo, o dejamos de recordar que un día triunfaremos sobre la muerte y el infierno, debemos poner los ojos en la tumba vacía.

Los israelitas cobraron ánimo con los huesos de un hombre muerto; nosotros lo hacemos con la tumba vacía de un Hombre que vive en el cielo.

Y puesto que Él vive, podemos estar seguros de que hay esperanza para nuestros sueños. Ante cualquier desánimo que pudiéramos experimentar, debemos gozarnos de que el sueño de Dios para nosotros tendrá éxito.

Dios da los mejores sueños a quienes le dejan a Él elegirlos.

EDITORIAL
PORTAVOZ

NUESTRA VISIÓN

Maximizar el efecto de recursos cristianos de calidad que transforman vidas.

NUESTRA MISIÓN

Desarrollar y distribuir productos de calidad —con integridad y excelencia—, desde una perspectiva bíblica y confiable, que animen a las personas a conocer y servir a Jesucristo.

NUESTROS VALORES

Nuestros valores se encuentran fundamentados en la Biblia, fuente de toda verdad para hoy y para siempre. Nosotros ponemos en práctica estas verdades bíblicas como fundamento para las decisiones, normas y productos de nuestra compañía.

Valoramos la excelencia y la calidad
Valoramos la integridad y la confianza
Valoramos el mérito y la dignidad de los individuos y las relaciones
Valoramos el servicio
Valoramos la administración de los recursos

Para más información acerca de nuestra editorial y los productos que publicamos visite nuestra página en la red: www.portavoz.com